大学生职业生涯规划与就业指导研究

甘海燕◎著

文化发展出版社
Cultural Development Press
·北京·

图书在版编目（CIP）数据

大学生职业生涯规划与就业指导研究 / 甘海燕著
. — 北京 : 文化发展出版社，2023.10
ISBN 978-7-5142-4145-7

Ⅰ．①大… Ⅱ．①甘… Ⅲ．①大学生－职业选择－研究 Ⅳ．① G647.38

中国国家版本馆 CIP 数据核字 (2023) 第 214519 号

大学生职业生涯规划与就业指导研究

甘海燕 著

出 版 人：宋 娜
责任编辑：任秀颖　　　　责任校对：侯 娜
责任印制：邓辉明　　　　封面设计：守正文化
出版发行：文化发展出版社（北京市翠微路 2 号 邮编：100036）
网　　址：www.wenhuafazhan.com
经　　销：全国新华书店
印　　刷：天津和萱印刷有限公司

开　　本：710mm × 1000mm　1/16
字　　数：206 千字
印　　张：11.5
版　　次：2024 年 1 月第 1 版
印　　次：2024 年 1 月第 1 次印刷

定　　价：72.00 元
I S B N：978-7-5142-4145-7

作者简介

甘海燕　女，1982 年 8 月出生，湖北省荆州市人，本科毕业于星海音乐学院，硕士毕业于蒙古国 CITI 大学，现任广州工程技术职业学院讲师，全球 GCDF 职业生涯规划师，中级就业指导师。研究方向：大学生职业生涯规划和就业指导。曾获广东省大学生职业生涯规划教学大赛一等奖，参与建设课程《大学生职业发展与就业指导》入选广东省就业创业“金课”、广东省高校就业创业特色示范课，参与广东省、市级科研项目两项，发表论文十余篇。

前言

随着我国高等教育的普及、毕业生人数的增多和近年来全球经济形势的低迷，毕业生就业难的问题日益成为社会关注的热点。就业问题成为每一个即将进入社会工作的人所面临的共同问题，对于即将进入社会的大学生而言，了解职业生涯规划和就业的相关知识十分重要。就业问题不仅关系到大学毕业生群体的健康成长与自身价值的实现，也关系到亿万家庭的切身利益，更关系到国民经济的可持续发展与社会的和谐安宁。

面对日益严峻的就业形势，如何选择适合自己的职业，如何规划自己的职业发展道路，是每一位大学生都会面临的紧迫而又现实的问题，更是学校需要承担的一项重要任务，而要做好大学生的就业工作，就需要学校就业指导部门认真探寻就业指导的客观规律，为大学生提供及时且科学的指导和教育。

本书主要从大学生职业生涯规划与大学生就业指导两个维度，对大学毕业生就业困难问题展开研究并提出解决对策。本书第一章为职业生涯规划的概述，主要介绍了职业生涯规划的内涵与基础理论、方法与原则以及影响因素，并在本章第四节对职业生涯规划的意义与步骤作了详细阐述；本书第二章为自我认知探索，主要从职业兴趣探索、职业性格探索、职业价值观、职业技能探索四个方面，对整个自我认知探索体系进行详细说明；本书第三章为职业世界探索，主要说明了职业构成和未来职业的发展趋势、探索职业世界的环境、探索职业世界的方法与途径；本书第四章为大学生职业生涯的决策与行动，从实践的角度对大学生的职业生涯进行论述，首先介绍了职业生涯决策的概述，其次详细介绍了职业目标的设定与计划实施，最后对职业生涯规划的评估与修订、管理与调试进行了详细的介绍；本书第五章为大学生就业形势分析与建议，主要介绍了大学生就业的总体形势与当前毕业生的就业政策，并以此为依据提出了大学生就业对策与建议；

本书第六章为大学生求职技巧与准备，分别介绍了就业信息的搜集与管理、求职方法与材料准备、面试技巧与面试礼仪、就业心理调适以及相关就业法律依据。

在撰写本书的过程中，笔者得到了许多专家学者的帮助和指导，参考了大量的学术文献，在此表示真诚的感谢！

限于笔者水平不足，加之时间仓促，本书难免存在一些疏漏，在此恳请同行专家和读者朋友批评指正！

甘海燕

2023 年 3 月

目录

第一章　职业生涯规划概述

古语说："凡事预则立，不预则废。"大学生终究要步入社会、走上职场，所以他们是否拥有清晰而明确的职业发展方向、发展目标和发展战略，是他们在社会和人生事业中成功与否的重要因素。与此同时，大学是职业生涯的探索时期，大学生可以通过对自己和外部环境的认识，来为自己确立职业方向和职业目标，为自己选择职业道路，为自身能够实现职业生涯目标而制订行动时间与行动方案。因此，踏实认真、科学合理地做好职业生涯规划是十分重要的。在本章中，笔者对职业规划的内涵与基础理论、方法和原则、影响因素、意义和步骤进行了论述。

第一节　职业生涯规划的内涵与基础理论

一、职业生涯概述

（一）职业生涯的内涵

1. 职业的概念

职业的概念由来已久，对职业概念的界定主要是从社会学和经济学角度进行的。

从社会学角度出发，职业的含义包括四个方面的内容：第一，职业是社会分工体系中的一种社会位置；第二，职业是一种模式；第三，职业与权力、利益紧密相连；第四，职业是国家确认和认可的。

经济学中对职业的解释也包含四个方面的内容：第一，职业是社会分工体系中劳动者所获得的一种劳动角色；第二，职业是一种具有社会性的活动；第三，职业具有持续性和稳定性；第四，职业具有经济性。

总的来说，职业指的是参加社会分工，运用专业的知识和技术为社会创造出物质财富和精神财富，以获得合理的报酬为物质生活的来源，并满足人们的精神需要的活动。

职业的内涵主要有以下几个方面。

一是与人的需要、职业结构相联系，突出了社会的分工；二是与专业本身的特点有关，注重专业知识、专业技术的运用；三是与社会道德有关，重视对物质、精神财富的创造，并得到合理的回报；四是与个人生命相关，在注重物质生活的同时，也要满足精神生命的需要。

职业并非在人类社会产生时就存在，它是在社会发展到某种程度，有了社会分工之后才产生的，许多职业的兴衰就是最好的例证。新的工作将会随着社会的需要而出现。随着新行业的不断出现，一些已经不被社会认可的行业也会慢慢减少甚至消失。所以，在进行专业选择时，除了要根据个人的专业发展倾向外，还要考虑到随着时代的发展，社会对专业要求的改变。

2. 职业生涯的概念

“生涯”一词由来已久。“生”原意为“活着”，“涯”为“边际”，“生涯”连起来是“一生”的意思，可以理解为贯穿个人一生的各种活动。从字源上看，“生涯”的英文来自罗马及拉丁文，指古代的战车，后来又引申为“道路”，即人生的发展道路，或指个人一生的发展过程，也指个人一生中所扮演的系列角色与职位。

关于职业生涯，各国学者从各自的视角出发，对其的定义大致可分为广义与狭义两种。从广义的角度来看，职业生涯的含义是：从培养职业兴趣、获取职业能力，到选择职业、进入工作岗位，一直到最终从职业劳动中退出，这是一个职业发展的完整过程。从狭义的角度来看，职业生涯是从进入社会，即从进入工作岗位前的专业培训、专业学习，一直到职业劳动完成、离职的过程。

具体地讲，职业生涯是以心理开发、生理开发、智力开发、技能开发、伦理开发等人的潜能开发为基础，以工作内容的确定和变化，工作业绩的评估，工资待遇、职称、职务的变动为标志，以满足需求为目标的工作经历和内心体验的过程。

职业生涯相对于其他生涯而言，有其自身的特点，具体如下。

（1）独特性。每个人从事某一种职业的情况都不一样，其对于职业的未来期望也不一样，对于职业的看法也不一样，在职业选择的态度上也存在着很大的差异，在自己的职业生涯中所付出的努力也各不相同，这就使得每个人的职业生涯表现出了与别人不同的特征。

（2）发展性。每个人的职业生涯都是一个发展的、演进的动态过程，它是个体逐渐地达到自己的事业目标，并不断地对新的目标进行判断和执行的过程。这一发展过程主要表现为两个方面：一是岗位提升，即在同一行业或同一单位内连续提升；另一类是岗位改变，即一个人所从事的工作内容发生了改变。

（3）阶段性。每个人的事业发展过程都要经历一些不同的时期，不可能一直在同一个时期内。事业发展的每一阶段都有着密切的联系，总体来讲，前一时期为后一时期奠定了基础，而后一时期则是前一时期的延伸，各时期阶段之间存在着一种递进关系。个人在事业发展的各个阶段，其目标与任务也不尽相同。

（4）整合性。事业不仅限于工作和岗位，还包括整个生命发展的方方面面。个人的事业发展和工作是与家庭、业余生活等密切相关的。一个人从事什么样的工作，常常能够影响到他的生活状态，同时，工作和生活这二者之间又存在着非常多的相似之处。

（5）互动性。一个人的职业是个体和他人、个体和环境、个体和社会相互作用的结果。人类是社会的一部分，人类无法脱离社会而生存。一个人的职业信息掌握情况、职业选择理念、职业状态、职业能力等都会对他人造成影响。良好的环境可以让个体从事某种职业的信念更加坚定。在社会上，新职业的出现，职业需求的更新，都会让个体重新地思考与判断自身的未来职业生涯。

（二）职业生涯的划分

美国职业心理学家 E.H. 施恩（E.H.Schein）最早将职业生涯分为外职业生涯和内职业生涯，我国学者程社明也对此进行过系统研究。通常认为，外职业生涯指的是个体在其一生中所从事的各类职业的总称，它是一种客观的职业，可以被解释为从业时的工作单位、工作地点、工作内容、工作职务与职称、工作环境以及工资待遇等要素的组合及它们的变化过程。外职业生涯往往是通过他人决定、给予，并得到认可的。外部原因对于外职业生涯的发展具有很大的影响，但外部原因往往与自身的努力不一致，特别是在职业生涯的早期。有些人终其一生都在追求外职业生涯的成功，但是内心却非常痛苦，这是由于他们往往不明白内职业生涯的发展是外职业生涯发展的先决条件。

内职业生涯是指人一生中价值观、为人处世的态度以及动机变化的过程，同时也包含了个人所拥有的能力、学识、理念、经验、心理素质、身体素质、内心感受等。内职业生涯是通过自己的持续实践探索来获得的，内部原因是至关重要的。和外部职业生涯的组成要素不同，内部职业生涯中各个组成要素的内容一旦获得，他人就不能收回或者剥夺。因此，内职业生涯才是人力资本的真正所在。而内职业生涯中获得的职业成绩，会转化成外职业生涯的事业成就。

如果把内职业生涯和外职业生涯比喻成树木，那么树干、树冠、树叶以及果实等，都是外职业生涯。每个人都想要自己的职业之树能够枝繁叶茂、郁郁葱葱，结出丰硕的果实，然而一棵高耸的树木并不是凭空就可以生长出来的，而是需要地下巨大的根系提供强大的支持，为树木提供养分。内职业生涯就是这巨大的根系。这一比喻中所蕴含的自然规律说明了外职业生涯的发展是以内职业生涯的发展为前提条件的。内职业生涯的进步发展能够不断推进外职业生涯的进步发展。在每一个体的职业生涯规划甚至人生的成功中，内职业生涯发挥着不可或缺的作用。因此，无论是在职业生涯的哪一个阶段，都不能忽视内职业生涯的发展。对于还未毕业的大学生和处于职业生涯初期的新员工来说，必须要将对内职业生涯各个因素的追求放在外职业生涯的发展之上。

二、职业生涯规划

（一）职业生涯规划的含义

职业生涯规划有时也称职业生涯设计，或简称生涯规划。这一概念是由管理专家威廉·J. 罗思韦尔（Willianm J.Rothwell）最先提出的。他认为，职业生涯规划就是个人结合自身情况及眼前制约因素，为自己实现职业目标而确定行动方向、行动时间和行动方案①。职业生涯规划意味着要对自己的能力、兴趣、个性

① 罗思韦尔. 超越培训 凭绩效说话[M]. 乔学军，李龙乔，宋霆，译. 厦门：鹭江出版社，2015.

和价值观有一个客观的认识，形成一个完整的、恰当的职业自我观念，将个人的发展和组织的发展紧密地联系起来，通过对自身和内部环境因素的分析，对各个职业的需求趋势和主要的成功因素有一个深刻的认识，从而明确自己的事业发展的目标，并选择能够让这一事业目标得以实现的职业或岗位，制订与之相适应的工作、教育和培训行动计划，制订与实际相符合的基本措施，采取有效的行动，进行灵活的调整，从而让自己的职业发展能够顺利地进行，并获得最大程度上的成功。简单地说，职业生涯规划就是一个人将自己所处的环境、所面临的机会及制约因素相结合，为自己确立职业方向、职业目标，选择职业道路，确定教育计划、发展计划，为实现职业生涯目标而确定行动时间和行动方案。

（二）职业生涯规划的内容

个人职业生涯规划一般包括自我认知、目标设定、目标实现策略、反馈与修正4个方面的内容。

1．自我认知

自我认知是对自身进行全面、深刻、客观的分析与认识。首先，要明确个人行为的价值取向，确定个人行为的基本准则；其次，要熟悉自己所掌握的知识和技能，与此同时，还要对自己的性格特点、兴趣爱好等进行分析，这样才能对自己的优点和缺点有一个清晰的认识。经过以上这些层面的认识，才能形成对自身的客观全面的认识与定位。

2．目标设定

目标设定是在上述自我认知与定位的基础上，设立明确的职业目标。例如，“在四十岁前成为某外资企业集团的人力资源部主管”就是一个较为明确的目标。从每个人的职业生涯角度来说，目标的设定并不一定是单一层次或者单一阶段的，也可以是多层次的、分阶段的。如今，逐渐有更多的人希望在自己的职业生涯中能够从事多个不同的工作，以寻求更大的挑战。当然，有时候会有一些情况迫使人们离开他们原来的工作。多层次的目标设置能让人迅速地走出困境，保持一种开放而灵活的心态。而一个宏伟的目标，需要分成几个更容易实现的阶段性目标。因为职业生涯横跨了一个人的青年、中年甚至老年阶段，再加上人们在每个时期的体能、精力、技能、经验以及为人处世方面都存在着显著的差异，所以，应当依据实际情况，有针对性地制订阶段性目标。

3. 目标实现策略

目标实现策略指的是采取一些积极的、具体的行动和措施来努力实现自己的职业目标。目标实现的内容既包含了个人在工作中的实际表现和绩效，又包含了其在实际工作之外需要做的一些具有前瞻性的准备工作，比如，参加进修班的学习、了解一些专业知识、掌握一些额外的技能等。另外，目标的实现还包含了平衡职业目标与其他目标——生活目标、家庭目标所进行的各种努力。如果忽视了后两个方面的努力，则很难会在一段时间内、在一份工作上取得好成绩，而且要达到职业目标也会碰到很多阻碍。目标实现的方法有很多，比如：撰写求职简历、参加面试应聘、对工资待遇进行商议、制订并完成自己的工作目标、参加公司组织的培训和发展项目、建立一个良好的人际关系网络、谋求职业上的晋升、在业余时间参加课程学习、精确地更换工作等，这些都能够被看作是达到目标的具体方法。

4. 反馈与修正

反馈和修正就是在完成工作目标的同时，结合工作实践，有意识地总结工作中的经验与教训，不断完善自己的认识，明确自己的职业目标。人只有在具体的工作实践中，才能更清晰、更透彻地对自我进行认知以及定位，才能更好地了解自己所喜欢的职业，才能更好地认识到自己的价值。所以，在职业目标的界定方面，大部分人在一开始是模糊不清、抽象的，有些甚至还会出错。

在一段时间的工作结束后，有意识地思考和回忆自己的言行和得失，可以检验自我定位的正确与否，检验自己对职业目标方向设定得正确与否。调查显示，人们要想弄清楚自己究竟该从事哪一份工作，可能要花费很长一段时间去实践和探索，在这段时间里，或许得不到任何反馈或纠正。即便是对于自身的定位、对于目标的设置都是正确的，反馈和修正也能够纠正阶段目标中所出现的偏差，并能在很大程度上提高人达到目标的自信心。

职业生涯规划注重于个人应当怎样为自己做出适合的选择，同时亦注重探索个人应当怎样规划自己的未来。职业生涯规划的目标并不只是让个体根据自己的资格条件，找到一份适合自己的工作，从而达到并完成自己的目标，更重要的是让个体能够对自己有一个真实的认识，从而为自己定下事业大计，进而对内外环境的利弊进行细致的评估，设计出一个合理的、切实的、可行的职业生涯发展方向。进行职业生涯规划，就是把自己的理想变成现实的生活，就是把对未来事业发展的憧憬转化为具体的行动步骤和方案。

（三）职业生涯规划的分类

1. 按照规划的对象进行分类

按照规划的对象，职业生涯规划分为个体的职业生涯规划和组织的职业生涯规划。个体的职业生涯规划指的是个体根据自己的实际情况以及眼前的机会和限制，为自己确定职业的目标，选择职业发展的道路，确定职业发展的计划以及教育计划等，并确定行动方向、行动时间与行动方案，以达到自己的职业生涯目标。无论在任何社会中、在任何体制下，个体的职业规划都是非常重要的，因为这是一个人职业发展的真实驱动力，其本质就是寻求职业发展的最优路径。

组织的职业生涯规划是由组织的人力资源管理部门根据组织发展需要而采取的一种现代管理方式，用以了解员工、激励员工，从而发掘、留用优秀人才，其根本目的是组织的发展与需要。

2. 按照规划的时间进行分类

职业生涯规划还可以按照时间的维度分为人生规划、长期规划、中期规划与短期规划 4 种类型。从字面上看，个人职业生涯规划从短期（1～3 年）到中期（5 年左右），再到长期（10 年左右），直至整个人生规划，如同台阶一样需要一步步地往上走。

（四）职业生涯规划的要素

职业生涯规划具有明显的个性化特征，不同的人在做职业生涯规划时，所考虑的相关因素也有所不同，但有些因素是必须考虑的，那就是知己、知彼和抉择 3 大要素。

（1）知己。知己就是探索自己的内心世界，了解自己的特性，充分认识和全面了解自身条件，包括自己的兴趣、能力、价值观、个性、性向，以及父母的管教态度、学校与社会教育对自己产生的影响等。

（2）知彼。知彼就是探索外在的职业世界，了解工作舞台的特性，对于从事的职业环境、相关的组织等信息进行有效的掌握，包括职业的特性、所需的能力、就业渠道、工作内容、工作发展前景、职业的薪资待遇等。

(3) 抉择。抉择指的是在知己知彼这一前提条件下，确定与自己的实际情况相符、可以充分发挥自身专长、自己拥有强烈兴趣，并且和所处的环境能够适应的职业目标，其中包含了抉择技巧，抉择风格，抉择可能面临的冲突、阻力和助力等内容。

在通常情况下，知己与知彼是相辅相成的，制订的职业目标必须切合现实，不能一厢情愿。要对自己所从事的工作有兴趣，不要只是被动地工作；在所从事的工作中，要能够运用自己的特长，发挥自己的优势；要能适应所处的工作环境，不能觉得处处都很艰难。这就表明，在进行职业规划时，不仅要知己、知彼，同时也要能够做出正确的选择。因此，择己所长、择己所爱、择社所需和效益最大化，就是正确抉择的黄金准则。

三、职业生涯规划的理论

(一) 霍兰德理论

霍兰德理论有 4 个核心假设，具体内容如下。

(1) 人们可以根据他们与六种人格类型中的雷同之处进行归类，这六种类型是：实用型 (R)、研究型 (I)、艺术型 (A)、社会型 (S)、企业型 (E) 和事务型 (C)。它们按照一个固定的顺序排成一个六角形。人们与某个类型越相像，他们就会越多地表现出此类型的特质和行为。

(2) 环境也可以根据它们与类型的相似之处做出同样的划分。

(3) 人总是寻找适合个人人格类型的环境，锻炼相应的技巧与能力，从而表现出各自的态度和价值观，面对相似的问题，扮演相应的角色。

(4) 一个人的行为表现是由他的人格与他所处的环境的交互作用决定的。

(二) 工作适应理论

工作适应理论是由明尼苏达大学的戴维斯 (Rene Dawis)、罗圭斯特 (Lofquist) 及其同事们根据多年的研究提出的。该理论的主要目的是预测工作的适应性。他们将工作适应定义为“工作者寻求和保持与工作环境相一致的连续和动态的过程”。因此，工作适应是以工作的时间长度以及是否在一种工作上一直进行下去为指标的。

在工作适应理论中，有两个非常重要的概念，分别是满意（satisfaction）和令人满意（satisfactoriness）。满意是指工作者对工作的各个方面的满意程度，包括工作是否能满足个人的需要、是否能够实现个人的抱负和期望等方面的评估。令人满意是指工作者的上级、同事、公司和机构对工作者个人的工作产出和工作绩效是否满意。也就是说，满意是工作者个人的主观评价，而令人满意是工作机构对工作者工作状况的评价。

工作适应理论的假设是：生物体的行为是为了满足其需要。人通过某种行为能力满足其需要。运用这些能力，人类可以从环境中获得所需要的强化物，与此同时，也部分地满足了环境的要求。也就是说，人通过使用自己的能力来满足自己的需要，获得自己所需的强化物。而工作机构则对工作者有一定的要求，工作者在施展自己能力的过程中，满足了工作环境所提出的某些要求，即令人满意。当个人的需要得到满足，个体获得满足感的同时，又能够满足工作上的要求，这时个人与环境就达到了匹配即工作适应。该理论的基本宗旨是：人与环境试图获得和保持彼此的一致，也就是说，个体必须成功地满足工作环境的要求，而工作环境也必须满足个体的需要。

工作者的满意度可以通过他们的工作结果、工作绩效、工作的投入程度以及工作的士气进行判断。研究表明，满意度与工作转换、工作中的迟到与缺席等呈负相关，与工作投入、工作的士气、整体生活满意度等呈正相关。

个体的需要和环境的要求都是动态发展的，因此在人与工作环境是否相一致上存在一个动态的互动过程。如果工作的要求发生变化，或者个体的需要方式改变，就要求双方作出一定的调整，这样才能保持双方的满意，否则可能会导致工作者工作状态的改变。

（三）系统理论

麦克马洪（McMahon）和帕顿（Patton）在 1995 年提出了职业选择的系统理论。该理论认为，个人的职业生涯发展至少涉及 3 个彼此有关的系统：个人系统、社会化系统和环境—社会系统。同时，个人与情景之间的相互作用、随时间发生的变化和机遇 3 种过程因素也会影响一个人的职业生涯发展。

（1）个人系统。职业生涯发展的系统理论把个体看成是多种元素组成的系统（个人系统），该系统处于复杂的其他系统之中。个人系统包含着所有影响生涯发展的个人特征，如人格、兴趣和信念、价值观、自我概念、年龄、能力、性别、种族、身体特征等。每个个体系统都包括这些特征，但每个人在这些特征方面又存在着差异。这些个人特征在许多职业理论中都曾被提及。

（2）社会化系统。社会化系统包括：同伴、家庭、媒体、社区、工作场所、教育机构等。社会化系统往往是个人信念和态度的重要来源，它以不同的方式把信念、态度等传递给个人，这些影响可能是长期的，也可能随时间发展而发生变化。

（3）环境—社会系统。环境—社会系统并不与个体有直接关系，但影响是深远的。环境—社会系统包括地理位置、政治因素、就业市场等。地理位置可能影响学校教育、就业机会和信息获取。政治的、历史的影响可以解释一代人特有的信念、价值和态度。就业市场提供就业的机会，就业机会也受到科学技术快速发展的巨大影响。

在整个系统中，各种影响都是多向性的。所有的系统与系统之间、系统的各个要素之间都存在着相互作用。系统中某一部分的变化或者一个系统的变化，会使系统的其他部分产生变化。系统理论重视整体，强调系统大于各个部分之和，系统各个部分之间的相互作用是非常重要的，系统的功能依赖于各部分之间的相互关系。

第二节　职业生涯规划的方法和原则

一、职业生涯规划的方法

（一）SWOT 分析法

在充分认识自我、了解职业和环境之后，还应评估各种因素对自己职业生涯的影响，判断自己的兴趣、爱好、特长、性格、气质与能力等是否适合当前的环境。要进行如此复杂的分析和评估，就需要强大的评估工具，SWOT 分析法是最为常用的一种分析、评估方法。

SWOT 分析法是在市场营销管理领域被广泛使用的强大的分析工具。它是由旧金山大学的管理学教授于 20 世纪 80 年代初提出来的，主要用来帮助决策者在竞争环境中制定适合企业发展的竞争战略，现在被引入职业生涯决策。在生涯规划问题上，每个人都是自身发展的决策者，SWOT 分析法同样可以发挥有效的指导作用。SWOT 分析法中的 S 代表 strength（优势）、W 代表 weakness（弱势）、O 代表 opportunity（机会）、T 代表 threat（威胁）、其中 S、W 是内部因素，O、T 是外部因素。通过 SWOT 分析，能很容易地知道自己的优点和弱点在哪里，并且可以详细地评估出自己所感兴趣的不同职业道路的机会和威胁所在。在运用 SWOT 分析法对职业生涯机会进行评估时，应遵循以下步骤。

（1）分析自己的优缺点。随着社会分工的进一步细化，职业的分类也越来越细，很少有人能成为“百科全书”式的人才，每个人都会有自己突出的优势和才能，也都会有不足和缺点。例如，有的人喜欢与人交往，不希望从事单调的办公室工作；而有的人则不擅长与人交流，喜欢一个人在实验室里做研究工作。

为了分析自己的优点和缺点，可以制作一个表格，列出喜欢做的事情和优点，同时也列出不喜欢做的事情和缺点。需要注意的是，找出缺点与发现优点同等重要，因为在此基础上可以有针对性地进行弥补和提高，也可以放弃那些自己不擅长的职业领域。

（2）找出外部机会和威胁。社会环境时刻在发生变化，在变幻的环境中，有些因素是机遇，有些因素则是威胁。当然，不同的行业、职业和职位面临的机遇和威胁也不同。只有准确地找出这些外部因素，才能做出正确的决策。例如，如果选择的行业最近几年不景气，那么它可以提供的工作职位自然比较少，升迁机会也就较少，因此在进行职业决策时要予以充分考虑；相反，充满许多积极的外部因素的行业将为求职者提供广阔的职业前景。

（3）构造 SWOT 矩阵。将分析和调查得出的各种因素，包括自己的优缺点和外部的机会与威胁，按照优先级和重要性的顺序建立 SWOT 矩阵。其中，优先排列那些对于事业发展具有直接、重要、紧迫、长远影响的要素，而将那些对于事业发展会产生间接、次要、微小、不紧迫、短暂影响的因素排列在后面。

（二）5W 分析法

为自己设计职业生涯规划，可使用一些简便易行的方法。这里介绍一种“5W”

法，即用5个“What”归零思考，这是一种被许多人成功应用的方法，依托的是归零式的模式，从问自己是谁开始，如果能够成功回答完5个问题，就有最后答案了。5个“W”是Who am I？（我是谁？）；What will I do？（我想做什么？）；What can I do？（我会做什么？）；What does the situation allow me to do？（环境支持或允许我做什么？）；What is the plan of my career and life？（我的职业与生活规划是什么？），回答了这5个问题，找到它们的最高共同点，就有了自己的职业生涯规划。

先准备五张白纸、一支铅笔和一块橡皮，把以上5道题目分别写在每一张白纸上。然后冷静下来，摒弃杂念，独立思考每个问题。首先，回答“我是谁？”的关键在于：直面自我，把自己能想出来的每个答案都写下来；然后，仔细检查是否还有什么遗漏的地方，确定没有以后，按照重要程度对其排列。第2个问题——“我想做什么？”可以把人的思维带回到小时候，从人生中第一次想要做什么事情的时候开始，然后伴随年龄的增长，回想起自己真正想要做的事情，并将它们一一记录下来，写完后再仔细回想，确定没有遗漏了，就认真地对其进行排序。第3个问题是“我会做什么？”，是将已经被验证过的能力以及自己认为能够被挖掘的潜力逐一列出，然后再仔细排序。在回答第4个问题——“环境支持或允许我做什么？”的时候，要进行一些分析：环境，包括所在单位、所在城市等，从小到大认为自己有可能借用的环境，都应当在考虑的范围之内。在这样的情况下，仔细思考自身会得到哪些支持和许可，将它们记录下来，然后按照重要程度进行排序。假若可以成功地回答第5个问题——“我的职业与生活规划是什么？”，那么关于自己的职业和人生计划，便拥有了最终的答案。

具体的方法是：将前面的4张纸与后面的第5张纸放在一起，仔细对比，将相同或者相似的答案用一条线连在一起，形成多条连线，而不与其他连线交叉，位于最上方的就是最想要完成的事情，以此为导向，以三年为时间范围，制订近期、中期、长期目标，再在近期目标范围内制订本年度目标，再将本年度目标划分为季度、月、周、日。在每天睡觉之前，利用这种方式跟自己的目标相比较，进行自我反思，总结出当天的成就与失误、经验与教训，并对明天的目标与方法进行调整，在第二天早上起来复习之后，就可以投入实际的工作中。如此积累下来，没有什么计划是完成不了的。

二、职业生涯规划的原则

大学阶段是职业的准备期，为了实现从学习阶段向工作岗位的顺利过渡，有效地进行职业生涯规划对大学生而言尤为重要。职业生涯规划要从社会发展需要出发，结合自身的条件和相关环境，从所学专业、性格、兴趣、能力、优势和机遇等方面尽早确立自己的未来发展方向和目标。大学生应当从跨入校门开始就确立自己的未来职业生涯目标，在确立职业生涯规划时，应遵循以下基本原则。

（一）与社会需求相结合的原则

从现实的角度来看，大学生学习的目的是就业。就业是一种社会活动，它必然会受到一定的社会需求的限制，如果一个人的知识储备、思维观念、能力与社会的要求相脱节，那么其将很难被社会接受。因此，任何人的选择自由都是相对的，是有条件的。社会的需求一直在改变，所以高校毕业生在进行职业规划时，应当密切关注社会对于人才的需求趋势，转变思想，将“我想要”转变为“社会要”，使社会需要和个人理想相统一。大学生在进行职业生涯规划的时候，一定要对现实社会和未来的发展趋势有一个清晰的认识，还要时刻关注人才需求的动向和用人单位对人才的能力素质的要求。只有这样，才能使自己的事业发展更具有现实意义，更加切合实际。

（二）与所学专业相结合的原则

做好职业规划的其中一个目的就是要找到与自己所学专业相匹配的职业。在大学阶段，每个大学生都拥有自己的专业，每个专业也都具备一定的培养目标、就业方向以及就业领域，这些就是大学生开展职业生涯规划的基础，同时也是用人单位在招聘的过程中首先会考虑的要素。所以，大学生在制订自己的职业规划时，应当先以所学专业为依据。在找工作时，若无法实现专业和职业的匹配，则需要付出极大的转换成本，入职后还要再“补课”，这无疑会给自己的工作、生活带来很大的压力，不利于自己的事业发展。所以，在进行职业生涯规划的时候，必须要跟自己所学的专业相联系，要对专业有所了解，还要对专业进行分析，加强对专业知识与技能的掌握，以专业特点和能力要求为指导，对自己的学习与生活进行规划，争取让专业和职业能够匹配。

（三）坚持个性化的原则

每个大学生都是不一样的个体，他们的气质、性格、兴趣、能力、价值观、家庭环境和成长经历都是不一样的，在进行职业生涯规划时要尊重个性化特点，结合自己的条件和优势做出最优的决策，也就是要在充分的自我认知基础上，了解外界环境对目标实现的要求。例如，一个胆汁质的人很难坐下来从事认真细致的会计工作和耐得住寂寞的保管工作；一个内向的不爱说话的人如果去从事销售工作将会感到非常痛苦；一个崇尚自由、不受约束的人将很难适应循规蹈矩、一成不变的生活。

（四）坚持连续性的原则

大学阶段是从学生转向职业人的过渡阶段，所以大学生的职业生涯规划不仅要维持大学时期目标的连贯性，还要维持大学时期与步入社会后的职业生涯目标之间的衔接，并将其贯穿整个过程。在内部和外部环境发生改变的情况下，可以对自己的目标作出一定的调整，但是这些调整都是很细微的，不能太过频繁，选择工作的目标和在校期间的目标也应当保持一致性。也就是说，大学生的学习生活将紧紧围绕职业生涯规划的目标，为走向社会后的工作做好准备。

（五）可操作原则

一旦确定自己的职业理想，大学生就要在大学期间把自己的目标体系量化、具体化，使职业生涯规划具有可操作性，明确自己的知识、专业能力和综合素养在大学期间的每个阶段有哪些收获和提高，这样才便于落实和定期检查落实的情况。当然，对于一个复合型的社会不仅需要专业化知识，同时还需要可迁移技能及自我管理技能，而自我管理技能尤其被企业看重。一名专业工作者只有借助专业知识及可迁移技能综合武装自己，加上良好的自我管理技能，才能在挑战和竞争中立于不败之地。也就是说，在选择职业的时候，不能只是“低头拉车”，不能仅仅专注于研究一门知识，而是要“抬头看路”，这样才能判断出在未来社会这种专业知识是否还能够被实际需要。从长期的视角来看，拥有多种技能的人要比仅仅专注于某一特定领域的技能知识的人更有发展前景。

第三节　职业生涯规划的影响因素

择业是人们生活中的一件大事。古今中外，有很多的成功人士都是在扬长避短的情况下，选择了最适合自身能力、兴趣爱好、个性特点，同时与主客观条件、所处环境相适应的工作。相反，如果选择了错误的职业，就会遇到很多的困难和挫折。所以，在选择工作时一定要谨慎。

当前，我们的社会处在一个大的转型期，要想在这场激烈的竞争中赢得一席之地，就必须要具备一种“未雨绸缪”的观念。对于当今的大学生而言，他们在进行职业生涯规划时，更应该提前规划、勤于分析、勤于思考，做出科学的人生规划，以适应社会的进步与发展。

每个人都处在一个特定的社会环境之中，其职业行为不可避免地要被社会宏观环境、社会微观环境所影响。对大学生的职业生涯进行科学的规划，是他们走向成功的必经之路。通过对大学生心理健康状况的调查，可以帮助他们更好地了解自身、更好地分析所处的环境、更好地进行职业选择，帮助其更好地解决就业问题，从而使其更好地实现自己的理想。

一、教育背景

教育是赋予个人才能、塑造个人个性、促进个人发展的社会活动。它奠定了一个人的基本素质，对人的生涯有巨大的影响。

首先，一个人所接受的教育水平越高，其劳动生产率越高，其职业生涯就越成功。有较高学历的人，在就业以后一般都有较大发展；即使他们对工作不满意，但他们的调整能力比较强，能够根据个人及环境的变化适时调整，以求更好的发展。

同时，人们的专业、职业种类对于其职业生涯有决定性的影响。即使转换职业，也通常与专业相关；或者以所学专业理论、知识、技能等为基础，流动到相关岗位或行业上。例如，从事计算机专业的技术人员晋升为公司技术主管，再成为该公司的总经理。因此，以某一专业为基础，又具备其他能力（如外语、管理、人际交往等）的人，往往能得到更多的发展机会。

此外，不同程度的教育、不同门类的学科、不同的学校环境，会给受教育者带来不同的思维模式与意识形态，从而使人们以不同的态度对待自己、社会和职业的选择与发展。

二、家庭影响

“家长是孩子的第一任老师，家庭是孩子的第一所学校”，每个人的性格都源于遗传和生长环境。家庭是人生活的重要场所，更是一个人形成价值观和行为模式的重要环境。很多人是在家人的教诲和各种影响中，自觉或不自觉地习得某种职业知识和技能的。而价值观、行为模式、职业知识、职业技能，从根本上决定了一个人的职业理想和职业目标，影响着其职业选择的方向和种类、选择中的冒险与妥协程度、对岗位和职业的态度。

三、人生阶段

在不同的年龄阶段，在不同的生活环境中，因为主观或客观的因素，人们对于自己的职业存在着不同的认识，从而也产生了不同的心理需要和动机。这些改变有的是因为年龄的增长，有的则是因为自身所处的环境。第一个时期是个性的形成时期。通常情况下，一个人到达这一阶段的年龄是 10—20 岁。在这一阶段，个体对于自己的职业选择进行了探索，并开始步入社会。第二个时期是人们成长以及已经从事了某一职业一段时间的时期，人们在这个时期的年龄通常是 20 岁到 40 岁。在这个时期，人们已经选定了一个行业，并且已经确定了自己的职业路线。第三个时期是一个人的自我维持和自我调节时期，通常会一直持续到 50 岁甚至以上。到了这个阶段，一个人要么会对自身的生活进行一定调整，要么会接受自己现在的生活。

四、兴趣和意志

兴趣是人们选择职业的重要基础，当一个人对一种职业感兴趣的时候，其可以调动全身心的积极性，可以主动地感知并关注这一职业的相关信息。兴趣能够提升一个人的工作效率，它能够将一个人的所有能量都调动起来，让其在工作中保持更加敏锐的观察力，拥有更加深入的思考、更加丰富的想象力，具备高度集中的注意力，从而极大地提升工作效率。当其他条件都较为相近时，从事自己喜欢的职业不仅可以使人满足，还可以使工作单位满意，从而使工作具备长期性和稳定性。除此之外，拥有多种兴趣可以让一个人更好地应对不断变化的环境。如果换一份工作，只要自己有兴趣，就可以快速地学到这门工作的技巧，从而快速地熟悉并适应新的工作。人们不仅需要自己具备从事一项工作的能力，更重要的是清楚自己对什么类型的工作有兴趣，只有将自己的能力与兴趣相结合，才可以规划好自己的职业生涯，并获得职业生涯的成功。

意志指的是一个人有意识地确立自己的目标，对自己的行为进行指导和调整，并克服多种困难，最终实现自己预期目标的一种心理状态。一个人要对自己行为的目标拥有正确、充分的认识，要善于明辨是非，要能够当机立断地做出决定并加以执行，要具备坚忍的毅力和百折不挠的精神，在行为过程中要善于控制自己的情绪，要对自己的言行进行约束，做事要有刻苦执着的精神等。具备了上述这些意志品质，更加有助于取得职业生涯的成功。职业规划的自觉性、做出职业选择的果敢性、追求长期职业目标的坚韧性、在职业规划与决策上的自制性等，都有助于实现职业规划的科学合理。一个人如果没有强大的意志力，就可能在顺境时沾沾自喜，在逆境时情绪低落，从而无法实现自己的人生目标。因此，意志在一个人的职业生涯规划中起着非常重要的作用。

五、社会因素

社会是一个人可以在其中活动并施展才华的舞台，它也是一个对人的成长和成功产生影响的重要条件、重要因素。社会的政治经济形势，包括与人们职业权利相关的管理体制、社会文化与习俗、职业的社会体制等社会因素，对于社会职业岗位的数量与结构、社会职业岗位出现的随机性与波动性都起着决定性的作用，进而决定了人们对不同职业的认知以及进入职业生涯、调整职业生涯的决策。用人单位对员工的培养、个人的亲戚朋友交际网、在职业发展过程中所能获得的帮助、提高个人素质所需的学习机会和图书资料、与职业生涯发展方面有关的制度与政策等也对社会职业结构的变迁、人的职业生涯变动的规律性产生影响。

第四节　职业生涯规划的意义和步骤

一、职业生涯规划对大学生的意义

每个人在性格、能力、心理、价值观念、身体素质、物质条件、生活状态等方面都不是完全相同的，这是人生发展中“质”与“量”的差异所造成的。人生发展的“质”与“量”可以说是人与人之间的区别标签。因此，在发展的起步期，只有找准自己当前的“质”与“量”，才能知道自己所处的位置、所具备的条件；只有找准了自己未来的“质”与“量”，才能知道自己所努力的方向和所要达到的境界。这需要一种衡量工具。在发展的过程中，只有运用恰当的方法，科学系统地去构造发展的轨迹，才能找到理想的“质”与“量”。这就需要一种勾画手段，标尺的作用是衡量与勾画，而职业生涯规划正是人生发展的标尺，这点对于站在生涯发展十字路口的大学生而言，更是如此。

（一）职业生涯规划的衡量作用

指导大学生确定恰当的人生目标。目标是人生之路的灯塔，它指引着奋斗的方向，也给予奋斗的动力。但是，确定一个恰当的人生目标绝非易事。目标确定得过于宏大，就会找不到实现目标的入手之处，对个人成长起不到促进作用；目标确定得过于狭隘，会使得个人的成长受到过多的拘束，最终限制了发展的空间。而职业生涯规划所包含的各种理论、方法、工具，可以帮助大家准确地认识自我，在正确的自我定位的基础上，结合外部条件和社会需要确定切实可行的目标。

帮助大学生认识既有的发展状态。认识既有的发展状态，包括对个性的认识、对现有能力和不足的认识、对发展阶段的认识等。如果对既有的发展状态有较好的把握，就可以确定之前所做努力的效果，明确下一步应做的工作。这样就能知道今后是应该继续沿用之前的发展思路，还是作适当的调整。这既可以作为一种对之前确定的人生目标的检验，又能逐渐朝人生目标迈进。

（二）职业生涯规划的勾画作用

帮助大学生树立正确的择业观念。时下就业市场上之所以会出现“公务员热”“金融热”“房地产热”等现象，很重要的原因就是很多大学生没有正确的择业观念，而一味地“随大流”，或者仅仅认识到社会环境对职业发展的影响，却没有考虑到自我的身心特点和未来发展的目标。延伸到相关的“考研热”“出国热”等，这也是大学生群体缺乏正确就业观念的表现。没有正确的择业观念，带来的结果往往是就业中的四处碰壁，或从事了一个不适合自己的职业，导致个性被压抑、能力被限制，生活上郁郁寡欢，事业上步履维艰。“三百六十行，行行出状元”，对于有抱负的人而言，大多数职业有广阔的施展空间，能给人生带来成功的荣耀。正确的择业观念应当是自我认识、环境认识、价值目标认识的系统结合。而职业生涯规划可以帮助个体在此基础上树立具体的、有针对性的择业观念，从而对机遇的把握更为全面和深刻。

引导大学生重视并有针对性地培养素质和能力。对于大学生而言，当前社会发展充满着机遇，同时又面临着严峻的挑战。可以预见，未来对人才要求的趋势是越来越多样化、专业化，而且越来越注重品行合一。有的学生在工作中由于不能熟练地使用各种现代化的工具，使得其能力大打折扣；有学生在大学期间虽然看了很多书，但在工作时无论是口头还是书面表达能力都不强，直接影响到社会对其思想观点的认可；还有一些学生在工作时感觉专业知识学得不深，常有重回校园学习的冲动；等等。这些都是大学生没有针对性地培养自己的素质和能力的结果。那么，在挑战和趋势面前，大学生应该怎样培养素质和能力呢？人的一生中学习和实践的时间是有限的，很难使自己的素质和能力面面俱到，使自己成为无所不能的“全才”。而且当代社会分工的精细，使得任何人都不能在所有领域里大展身手。因此，应该以发展目标为核心，有针对性地培养自己在某些方面的素质和能力。学习了职业生涯规划之后，相信大多数人能够理解这一点，并会付诸行动。

二、职业生涯规划的步骤

（一）确立志向

是什么促使哥伦布穿越大西洋？是什么促使爱迪生由一个小列车员成长为19世纪最伟大的发明家？又是什么促使亨利·福特（Henry Ford）由一个普通的

技工成为世界上最富有的人之一？是梦想！每个人都有自己的梦想，这些梦想让人生充满希望。这里所说的梦想就是一个人的志向。职业志向即一个人立志要从事的职业，是人们选择职业的方向。

每个人都想通过自己的努力创造出一个美好而充实的生活。理想是一个人取得成功的先决条件，没有理想也就无法谈论成功。“志不立，天下无可成之事。”立志是一个人人生的起点，它体现了一个人的理想、格局、爱好以及价值观，对一个人的奋斗目标和取得的成绩有很大的影响。在制订职业规划的过程中，确定职业目标是首要的，也是最主要的问题。找寻自己职业志向的方法可以通过思考以下几个问题来获取答案。

（1）当自己老去的时候，最希望获得人们怎样的评价？

（2）最希望在哪个领域有所成就？

（3）假如不需要考虑金钱和时间，最想从事的工作是什么？

（二）自我评估

对自我的认知代表着一个人的成熟程度。只有对自己有了清晰的认识，才能对自身的职业发展方向做出正确的选择，才能给自己设置适当的职业目标，才能为自己选择一条适合自我发展的职业道路。自我评估的内容主要包括个人的兴趣、特长、性格、智力、知识、技能、职业价值观等。

（1）职业能力评估。根据自己的职业能力特点，挑选出适合自己的职业，一一列出制成表格。

（2）职业价值观评估。通过对职业价值观的理解，想象对于未来的职业自己最看重的是哪些方面，而与这些价值观相对应的，未来想从事的职业是什么？

（3）性格类型的评估。通过使用一些测试工具，对照分析自己的性格类型，找出自己最适合的职业。

（4）描述自己的职业兴趣。根据理论资料以及自己以往的学习和生活经历，确认自己大致的职业兴趣类型。

（三）职业生涯机会评估

1．了解职业外部环境

只有对外界环境拥有一定的认识，才能对其进行调整和运用。制订个人职业生涯计划的时候，应当对职业外部环境进行相应的分析，其中包括：环境条件所具备的特征、环境发展的变化情况、环境和自身的联系、自己在环境中所处的地位、环境对于自身所提出的各项要求、环境对于自身的有利条件或不利条件等。对于各种环境要素的了解与把握，能够使得自身在多元复杂的环境中趋利避害，从而为职业生涯规划赋予更加实用的现实意义。

外部环境包括宏观环境和微观环境。宏观环境包括政治环境、社会环境、经济环境等；微观环境包括行业环境、企业环境等。

大学生可利用网络、报纸、杂志、电视媒体、生涯人物访谈等信息，对当前及未来社会环境、职业本身环境等进行分析，把握自己参加工作时的职业生涯机会。

2. 分析影响职业选择的其他因素

虽然说“三百六十行，行行出状元”，但是职业的选择对于个体所产生的影响是非常大的。有很多人由于自己的职业方向是被动的，所以总是在工作中敷衍了事，始终无法激发出自己对于工作的兴趣和热情，从而导致了职业层面、生活层面的黯淡无光。因此，在进行职业方向选择的时候，必须以上述的自我评估、职业生涯机会评估为基础，考虑职业方向和个人的性格、兴趣爱好、优势特长、外部职业机会的匹配等要素。由于职业生涯规划是一个寻找内在和外在协调的过程，因此一般而言，当人的内在特点与职业特性越相一致，职业成功的可能性也就越大。

3. 确立职业生涯目标与路线规划

（1）确立职业生涯目标。没有了目标，便没有了前进的动力。一个人的职业成功与否，主要看其是否拥有合适的职业目标。如果没有目标，就仿佛是一叶孤舟，在茫茫大海上漂荡，不知道该往哪里走。而一旦拥有了目标，则拥有了前进的方向，目标就像是大海中的灯塔，指引着人们前进的道路，从而远离危险的礁石，向着胜利的方向前行。确定职业生涯目标就是明确自己想成为什么样的人，担任怎样的职业角色。具体地讲是想在职业生涯中达到怎样的职位，拥有怎样的职称，成为专家还是事务性工作者。

职业生涯目标大致可以分为四个层次，第一个层次是愿景目标，是一个人内心的向往，如自己要成为一个什么样的人。第二个层次是表现目标，是一个人的职业方向，如终要达到的职位、职称等。第三个层次是长期目标，是一个人的总体目标，即5～10年左右的目标。第四个层次是行动目标，即短期可实行的组合目标。目标必须经过分解才能更加清晰和便于实现。各种职业目标间的关系往往纷繁复杂，甚至是相互矛盾的。因此，厘清各职业目标之间的关系，对其分解组合十分必要。目标组合是指找出目标间内在的逻辑关系，然后将各个目标按内在逻辑关系组合起来的过程。这有助于厘清不同目标之间的关系，有步骤、有计划地加以实施。职业生涯规划中要思考先完成什么目标，后完成什么目标，以什么目标为主，以什么目标为辅。

（2）职业路线规划。虽然“条条大路通罗马”，但是每个人都需要选择自己的路径。在明确了自己的职业目标之后，就需要在前行的道路上进行抉择。在跨国公司的人才培养体系中，往往为其员工的职业生涯规划提供了职业发展路径。如果自身所在的团队没有现成的路径方法，那么就需要自己去设计。比如，是按照管理型的方向进行发展，还是选择专业化的发展方向；是先走技术型路线，然后再调整为管理路线；等等。在职业生涯的规划和发展中，由于发展路径存在差异，因此采取的步骤、措施也不尽相同。不同的选择意味着不同的工作和生活方式。同时，不同的生涯路线还存在自由职业、自主创业等多种职业生涯形式，所以不同的年龄段设置以及各年龄段要实现的目标可随自己的意愿得到不同的结果。因此，在职业规划中，设计路径和选择路径尤为重要。

第二章　自我认知探索

一个有效的职业生涯规划，必须是在充分、正确地认识自身条件与相关环境的基础上进行的。对自我及环境的了解越透彻，越有助于做好职业生涯规划。进行职业生涯规划，不仅能帮助个人达到和实现自己的人生目标，更重要的是还能帮助自己真正了解自己，真正弄清楚“我到底是一个什么样的人”。本章从职业兴趣、性格、价值观、技能四个方面进行探索，从而让读者对自我认知有一个更清晰的认识。

第一节　职业兴趣探索

一、兴趣与职业兴趣的概念

（一）兴趣的概念

兴趣是个体力求认识某种事物或从事某项活动的心理倾向，它表现为个体对某种事物或从事某种活动的选择性态度和积极的情绪反应。兴趣具有以下 3 个特点：

（1）高度卷入的积极情绪体验。“兴趣”的英文是 interest，拆开来看是 inter-est，是指人进入某项活动之后（inter），产生了高峰体验（-est，英文文法中的最高级）。美国生涯心理学家萨维克斯（Savickas）对比进一步解释为，兴趣就是人与其所接触的事物融为一体的经验。

美国芝加哥大学心理学教授米哈利（Mihaly Csikszentmihalyi）历时 30 年，对数百名运动员、艺术家、攀岩爱好者、国际象棋选手和教育家进行了访谈，他们在谈到自己的职业时，都会不约而同地提到一种“高度卷入”的状态，这种对工作忘我的投入状态让他们觉得是最愉悦和最满足的。

（2）在实践中产生、变化和发展。兴趣是人们基于对事物、活动的认识和体验，而不是出自凭空的想象。这种了解可以基于直接经验，也可来自间接经验。直接经验即自己亲身去感受、实践，间接经验来自观察学习或听人介绍。

（3）兴趣的实现往往需要理性的付出。一旦兴趣与职业结合，形成职业兴趣，就需要人站在生产者的角度看待职业，愿意付出努力，享受工作中的乐趣，同时接受过程中不那么有趣的部分。常有人用科学家丁肇中的话"兴趣比天才更重要"来强调兴趣对于职业发展的重要性，但丁肇中还说过，最重要的是看对自己所从事的工作有没有兴趣。表层的兴趣源于爱好，这让人愿意去尝试，能够去行动，容易被满足，也容易消逝；而深层的兴趣源于世界观、人生观、价值观，它让人愿意为之牺牲，不计名利报酬，忘我地工作，这就是责任感和使命感，是它们让人坚持到最后。

（二）职业兴趣的概念

职业兴趣是一个人对于一项工作的重视程度以及乐于从事一项工作的稳定持久、积极乐观的心理倾向。这种心理倾向是指人们在探索一个行业或从事一项职业时，所呈现出的一种特殊性格倾向，它能够使人们对某一行业产生更多的关注，并拥有了向往的情感需求。职业兴趣是一个人能够获得职业生涯成功的主要驱动力，强烈的职业兴趣可以将人的潜力发挥到极致，让其可以长时间地将注意力集中在一个方向上，并为此付出很多努力，从而获得自身职业生涯的成功。

职业兴趣的形成需要具备一定的素质基础，并在职业生涯实践中逐步产生、发展。职业兴趣的形成和个体的性格、能力、所参加的实践活动、所处的客观环境等都有很大的联系。所以，在职业规划中，对兴趣的讨论不应该是孤立的，而是需要将个人、家庭、社会等多方面的因素综合起来进行考虑。

二、影响职业兴趣的因素

（一）个人需要和个性

兴趣是基于需求而产生的，在社会实践活动中形成、发展。从本质上说，它是需求的扩展。对于人的需要，心理学家也有很多的研究，最著名的就是美国心理学家马斯洛（Maslow）提出的需求层次理论。需求层次理论将人的需要分为五个层面，即生理层面、安全层面、社交层面、尊重层面、自我实现层面。无论人的兴趣是什么，都是以需要为前提和依据的。人需要什么，就会对什么感兴趣。人们的身体和精神上的需要一般都是短暂的，很容易得到满足。但是人们的社会需要或者精神需要，则是稳定持久的，而且是在不断增长的。比如，人际关系、对于文学艺术的兴趣、社会实践活动的参与等，这些对人们来说是长久的、终身的，而且是在不断地追求着的。利益源于需求，并基于需求而得到发展。兴趣与品位的高低会受到个人性格的影响。比如，一个人的品质高雅，则其会更加热衷于社会公益事业，乐于助人，喜欢高雅的音乐、艺术等；相反，如果一个人的品质比较差，那么其可能会对占小便宜、一些庸俗的文艺作品产生兴趣。

（二）个人认识和情感

兴趣与个体的知识储备及情感紧密相关。如果一个人对于一项事物没有相关的了解或认知，那么其与这项事物可能也就没有情感联结，因此对于这项事物也就没有兴趣。同理，一个人若不懂某一专业的相关知识，或是对于这一专业一无所知，那么其就不会对这一专业产生浓厚的兴趣，在进行自身职业规划的时候，可能也就不会想到该专业。相反，了解得愈深，感情也会愈深，兴趣也就愈深。比如，有些人非常热衷于收集邮票，认为收集邮票不仅具有收藏价值和欣赏价值，还可以增长见识，能够更好地陶冶自己的情操，并且收集得越多、越丰富，便会越投入。这样一来，就会将集邮发展成一种兴趣，甚至有可能变成一项职业选择。

（三）家庭环境

家庭作为最基本的社会单元，对每一个体的心理发展都有着很大的影响。所以，个体职业心理发展具备极强的社会化特点，而在职业兴趣的形成过程中，家庭环境能够起到导向作用。在很多人的童年时期，都曾经在家庭环境中对自己父母的职业行为进行过感知，并在成长的过程中逐渐形成了对自身职业价值的认知，而这就导致了其在选择专业的时候，不可避免地会受到家庭教育的影响。家庭是影响大学生就业倾向的重要因素，表现为择业趋同性和协商性等层面。在通常情况下，个体对于家人，尤其是对于长辈的工作会更加熟悉，因此在职业规划、职业选择等方面存在着某种趋同性；与此同时，个体的职业生涯选择或多或少产生于和家庭成员协商的这一基础上，受到家庭群体职业活动的影响。另外，遗传也会对兴趣产生影响，并且父母的兴趣可能会直接影响到子女的兴趣选择。

（四）受教育程度

个体的受教育水平对其职业兴趣有着显著的影响。无论是哪一项社会性工作，在客观层面，都需要从业人员具备一定的知识储备和技能水平。与此同时，个体所接受的教育程度又决定了其知识和技能水平。从普遍的角度来看，一个人的教育水平愈高，所受的专业训练愈多，则他的专业方向也就愈广。

（五）社会因素

社会舆论可通过政府的政策取向、传统文化、社会风尚等方式，对个体的职业兴趣产生一定的影响。其中，起主导作用的影响因素是政府就业政策的宣传，同时，传统的就业理念与方式也对个体的职业选择产生了一定限制。而社会时尚职业则一直作为个人，尤其是青年人所追求的目标。如今，随着电脑科技与旅游业的迅速发展，对这两种行业产生兴趣的人也越来越多。此外，社会因素制约着人们的兴趣和爱好，所处环境存在差异、所具备的文化水平不同、职业不一致的人们的兴趣爱好也各不相同。

（六）职业需求

职业需求指的是在某一段时间里，用人单位能够提供的各种职业岗位所需要的人才的总量。能够对个体职业兴趣产生影响的客观因素，就是职业需求。更多的工作需要和更广泛的分类，使个体拥有更多的工作选择。在特定的情况下，职业需求会加强个体的职业选择或者抑制个体的不现实的职业取向，同时，其也能够引导个体产生新的职业取向。因此，在个人的职业兴趣这方面，职业需求起着一定的导向作用。

（七）年龄的变化和时代的变化

个体的兴趣产生也会受到年龄变化、年代变迁的直接影响。从年龄的角度来看，孩童大多喜欢绘画、唱歌、跳舞；少年则对文学、艺术更加偏好；而成年人所感兴趣的内容常常是一种职业、一项工作。这能够反映出个体的兴趣重心会随着年龄的增长、知识储备的增加而改变。就时代而言，由于时代不同、所处的物质水平不同、所具备的文化条件不同，则人们的兴趣也会不同。

三、职业兴趣对职业生涯的影响

由于兴趣、爱好不同，人的职业兴趣也有很大的差异。有人喜欢具体的工作，如室内装饰、美容、机械维修等；有人喜欢抽象和创造性的工作，如经济分析、新产品开发、社会调查和科学研究等。职业兴趣对职业生涯规划及职业选择的影响主要表现在以下四个方面。

（一）兴趣是职业选择的重要依据

作为一种强大的精神力量，兴趣能够让一个人专注于其所喜爱的职业，能够启发其智力，让其在工作中更加富有创造力。倘若一个人对一项职业十分感兴趣，则其可以调动全部身心的积极性，对于该职业的相关知识内容积极主动地进行感知和探索，重视这一职业的各种发展动态。与此同时，还可以使得自身的想象力更加丰富，情绪更为饱满，从而能够使记忆效果得到增强，使战胜困难的意志品质得到锻炼。相反，如果强行让一个人去做一件他不喜欢的事，则可能不会产生太好的效果，在该职业上其个人优势也得不到较好的发挥，更不要说使其做出巨大贡献了。就如同人们在日常生活中所从事的活动一样，人们更倾向于寻找与自身兴趣类型趋于一致的相关职业。尤其是当外界环境的限制较小时，人们会更愿意选择自己所感兴趣的职业岗位。

（二）提高工作效率，充分发挥个人才能

当个体对某个领域产生了浓厚的兴趣时，这个领域就会使个体原本枯燥的工作变得多姿多彩、充满乐趣。兴趣会让工作变成一种享受，而不是一种负担。由于兴趣能够将一个人的能量激发出来，如敏锐的观察力、集中的注意力、细致的思考能力以及丰富的想象力等，人们可以将这些优势运用到工作中，从而促使自己的能力得到充分的发挥。因此，将兴趣与能力有机地结合起来，可以极大地提升自己的工作效率。曾有人进行过研究：如果一个人从事其感兴趣的职业，则能发挥其全部才能的 80 %～90 %，而且长时间保持高效率而不感到疲劳；若对所从事的工作没有兴趣，只能发挥其全部才能的 20 %～30 %。

（三）兴趣是保证职业稳定与职场成功的重要因素

兴趣是工作动力的主要来源之一。对于个体而言，如果对这份工作充满兴趣，其就会乐于钻研，因而就会取得成就，这便是兴趣的功效。从总体上来讲，兴趣是大学生就业适应的基础，也是大学生就业选择的重要依据。职业生涯适应的一个重要标志是工作满意，而兴趣则主要是用于预测工作满意度和工作稳定程度的。在其他条件趋于一致的情况下，从事自己感兴趣的职业既可以让自己满足，还可以让自己的工作单位满意，从而保证工作的长期性和稳定性。

（四）兴趣可增强个人的职业适应性

拥有不同方面的爱好能够让一个人应对变化不定的情况。如果想换工作，在自己有兴趣的情况下，可以迅速找到工作，并且能快速地熟悉和适应新的工作。所以，在工作中，兴趣是成功的关键，它可以极大地激发人的潜力，让人能够长时间地专注于一个方向，付出艰辛的努力，获得显著的成就。

职业兴趣是指一个人在从事一项工作或追求一项工作时所具有的一种个性倾向。对于一个人来说，如果其想要一份长期的、稳定的工作，那么不但要了解自己所能胜任的工作类型，还需要了解自身所热爱的工作类型。职业兴趣能够让人在择业时优先选择一些岗位，对于个体的职业定位、职业选择都有很大的影响。与此同时，还可以更好地帮助个体挖掘自身的潜能、智慧等，从而切实有效地使工作效率得到提升。

四、兴趣与职业决策的关系

人在职业领域中的许多行为特征都取决于其兴趣类型，可以根据兴趣的有关理论知识对人的行为进行预测，从而进行职业选择、工作转换以及职业规划和培训。

（一）最理想的职业选择

最为理想的职业选择就是尽可能找到跟自己的兴趣类型重合的项目或行业，实现人职协调。比如，实用型的人可以选择餐饮业、加工制造业，艺术型的人可以开办公关公司、演艺公司、花店、婚庆公司。这时，人们会对自己从事的职业活动表现出肯定的态度，有求知欲、探索欲，能吸引自己的注意力，会使自己乐在其中、全力以赴。一个感兴趣的行业或一份感兴趣的工作会使自己对事业充满信心，不管遇到怎样的困难和挫折，都会义无反顾地追求自己情有独钟的事业。

（二）可接受的职业选择

就大学生求职的实际而言，过于执着地追求人职协调会在无形中增加求职的难度，缩小选择范围。其实还有一种可接受的职业选择，就是寻找与兴趣接近的职业。比如，社会型的人可以做企业型的工作，由于两种类型在六边形上处于相邻的位置，它们的关系密切，共同点很多，经过努力和调整也可使人适应职业环境，实现人职次协调。

（三）最糟糕的职业选择

最糟糕的职业选择是什么？就是选择了跟自己的兴趣完全对立的职业，让艺术型的人待在办公室里做行政工作，让研究型的人去做销售经理……在这种情况下，人很难适应所处的环境和所做的事情，也不能感到工作的乐趣，甚至无法胜任工作。这就是人职不协调的结果。进入陌生的职场，开创自己的事业，其实是一件比较辛苦和困难的事情。而兴趣、理想与热情正是让人坚持到底的动力，甚至决定着事业未来的发展。因此，选择职业一定要以兴趣为先导。大多数人实际上同时具有多种兴趣。如果具有的几种兴趣在职业六边形上紧挨在一起，比较接近（如同时具有社会型和企业型），那么根据兴趣来选择职业将会比较容易。但是也有一些人会觉得自己的兴趣非常广泛，在根据兴趣进行职业选择时将会面临犹豫不决的情况。这往往是由于几种职业兴趣在职业六边形上的位置隔得比较远，甚至是相互对立的，因而人们选择职业时面临的内在冲突就会比较多。此时，兴趣在职业选择时发挥的作用就会不太明显，而更多地需要依靠性格、价值观等做出决策。

五、霍兰德职业兴趣理论

（一）霍兰德职业兴趣理论的含义

霍兰德（Holland）于 1959 年提出了具有广泛社会影响的职业兴趣理论。他认为人的人格类型、兴趣与职业密切相关，兴趣是人们活动的巨大动力，凡是让人有职业兴趣的职业，都可以提高人们的积极性、促使人们积极地，愉快地从事该职业，且职业兴趣与人格之间存在很高的相关性。霍兰德认为，兴趣可分为实际型、研究型、艺术型、社会型、企业型和常规型6种类型。

（二）霍兰德职业兴趣理论的意义

霍兰德的职业兴趣理论提供了一个重要的生涯辅导理念：把个人特质和适合这种特质的工作联合起来。生涯辅导（简单来说就是职业辅导）强调生涯探索，对自我能力、兴趣、价值以及工作世界的探索，霍兰德巧妙地拉近了自我与工作世界的距离。借助于霍兰德代码，当事人能迅速地、系统地，而且有所依据地在一个特定的职业群里进行探索活动。令人称道的是，它提供和个人兴趣相近且内容有关联的一群职业，而不是仅仅冒险地去建议个人选择一种特殊的职业或工作。此外，关于生涯咨询（具体来说就是职业指导），霍兰德的职业性向论也可以引导当事人走向一个主动、积极的行动方向，进行动态探索。当事人得到自己的代码和有关的职业群名称，得以“起而行”地探查自己将来有可能选择的职业的各种事务，包括工作内容、薪资收入、工作所需条件等。

霍兰德的理念是：人的内在本质必须在职业生涯的领域中得以充分施展，一个人能在适当的生涯舞台上充分展现自我、实现自我，不仅能安身，更能立命。他的理论就是协助当事人从迷惑中找到“人之所是”的立命之所。

职业兴趣是职业选择中最重要的因素，是一种强大的精神力量。职业兴趣测验可以帮助个体明确自己的主观性向。

（三）霍兰德职业兴趣理论的内容

1.社会型（S）

共同特征：乐于和人交流，经常结交新朋友，善于说话，乐于指导；对社会问题感兴趣，有强烈的社会责任感；追求广泛的人际交往，更重视社会责任与伦理。

典型职业：对于和人接触的工作十分热爱，可以不断地结交新朋友，适合从事提供信息、启迪、帮助、培训、开发或治疗等事务，并且拥有相对应的能力。如教育工作者（教师、教育行政人员）、社会工作者（咨询人员、公关人员）。

2．企业型（E）

共同特征：对权力、金钱有着强烈的渴望，并拥有一定的领导能力。乐于竞争，敢于冒险，有雄心壮志。为人务实，对于做事情的价值更喜欢用利益得失、权力、地位、金钱等来衡量，做事情的时候往往带有很强的目的性。

典型职业：喜欢要求具备经营、管理、劝服、监督和领导才能，以实现机构、政治、社会及经济目标的工作，并具备相应的能力。如项目经理、销售人员、营销管理人员、政府官员、企业领导、法官、律师。

3．常规型（C）

共同特点：对于权威和规章制度十分尊重，更喜欢按照计划行事，做事细致，有条不紊，习惯于听从别人的指挥和命令，不追求自己的领导地位。更注重现实和细节，一般情况下表现为十分谨慎、保守，缺乏一定的创造性，不喜欢冒险，也不愿与人竞争，具有自我牺牲精神。

典型职业：喜欢要求注意细节、精确度、有系统、有条理，能够按特定要求或程序组织数据和文字信息的职业，并具备相应能力。如秘书、办公室人员、记事员、会计、行政助理、图书馆管理员、出纳员、打字员、投资分析员。

4．实际型（R）

共同特点：乐于运用工具从事具有操作性特点的工作，拥有较强的实践技能，工作时手脚非常灵活，行动十分协调。更倾向于具体的工作，不善于表达、交际，行事较为保守，比较低调谦虚，通常情况下喜欢独立做事。

典型职业：喜欢使用工具、机器，需要基本操作技能的工作。对要求具备机械方面的才能、体力或从事与机器、工具、植物、动物相关的职业有兴趣，并具备相应能力。如技术性职业（计算机硬件人员、摄影师、制图员、机械装配工）、技能性职业（木匠、厨师、技工、修理工、农民等）。

5．研究型（I）

共同特点：是一名思想者，而不是一个行动者。具备极强的抽象思维能力，有很强烈的好奇心，愿意用自己的头脑去思考，但是不愿意动手。热爱独立且有创意的工作。博学多才，但不擅长领导别人。通常情况下会理智地思考问题，做事讲究一丝不苟，热爱逻辑分析，经常探索未知领域。

典型职业：喜欢智力的、抽象的、分析的、独立的定向任务，要求具备较高的智力或分析才能，并将其用于观察、估测、衡量、形成理论，最终解决问题的工作，并具备相应的能力。如科学研究人员、教师、工程师、电脑编程人员、医生、系统分析员。

6. 艺术型（A）

共同特点：富有创新精神，乐于创造新奇独特的产品，乐于展现自我，实现自我价值。做事情比较理想化，力求将事情做得尽善尽美，不重视实际。拥有一定的艺术天赋和人格魅力。更善于表达，会怀旧，同时心态比较复杂。

典型职业：喜欢要求具备艺术修养、创造力、表达能力和直觉，并将其用于语言、行为、声音、颜色和形式的审美、思索和感受的工作，具备相应的能力，不善于做事务性工作。如演员、导演、艺术设计师、雕刻家、建筑师、摄影家、广告制作人、歌唱家、作曲家、乐队指挥、小说家、诗人、剧作家。

第二节　职业性格探索

一、气质、性格和人格

提到性格，经常会有“性格决定命运”“性格决定成败”等说法，也常常会使人联想到气质、人格这两个词语。

气质是表现在心理活动的强度、速度、灵活性与指向性等方面的一种稳定的心理特征，也就是人们平时所说的脾气、秉性。气质是先天的、内在的，是人的天性、自然属性。

性格是在生活中形成的对现实的稳定态度以及与之相适应的习惯化的行为方式。性格是在社会生活中逐渐形成的，是一个日积月累的过程，具有稳定性和独特性。性格常常表现为一种经常的、习惯性的行为，是一种对外界事物自然而然的本能反应。

人格又称个性，源于古希腊语“persona”，指古希腊时代的戏剧演员在舞台上所戴的面具，代表剧中人物的角色和身份，面具随人物角色的不同而变换，体现了角色的特点和性格，就像脸谱。人格包含的内容有很多，性格和气质是其中最重要的部分，由气质和性格形成的人格，既包含先天的气质因素，又包含后天的性格因素，所以人格 = 气质 + 性格。

气质和性格相互影响，都是人独特的、稳定的人格特征，气质是内因，是性格的基础，同时性格也影响气质。二者又有所不同，气质是先天的，可塑性很小，很难改变，所谓“江山易改，禀性难移”，其实质就是指气质。性格是后天养成的，与家庭教育、生活环境、社会影响息息相关，可塑性较大，是可以慢慢改变的。对待气质和性格，要做到尊重先天的气质，有效管理后天的性格。

二、气质的类型

气质是一个人在行为中所体现出的一种神经类型特征。因此，了解自己的气质对于择业来说十分重要。通常情况下，人的气质主要有 4 种：胆汁质、多血质、黏液质、忧郁质。每种气质都有其积极和消极的一面。气质这一要素会对个体的职业生涯、工作效率产生影响，气质因素的差异会导致不同个体从事不同类型的职业。

（一）“四液说”分类

1. 胆汁质

胆汁质的人属于兴奋而热烈的类型。他们有理想、有抱负、有独立见解，精力充沛、热情率真、激动易怒，有强烈的情绪体验，神经活动有极强的兴奋性，反应迅速但不敏捷。在工作上，他们可以很有干劲，也可以克服困难，但是一旦丧失了信心，情绪马上就会低沉下来。典型代表人物如《三国演义》中的张飞、《水浒传》中的李逵等。此类人适宜竞争激烈、冒险性、风险意识强的职业，如探险、地质勘探，登山、体育运动、演说等。

2. 多血质

多血质的人属于敏捷而好动的类型。他们更易于适应环境的变化，性情开朗，活泼好动，反应敏捷，易适应环境，善于交际。在群体中精神愉快，与人相处自然，常能机智地化解窘境。这类人工作能力较强，在工作和学习中肯动脑筋，常表现出较强的工作能力和较高的办事效率。情绪丰富且易兴奋，对外界事物有广泛的兴趣，不安于循规蹈矩的工作，注意力不稳定，兴趣易转移；对职业有较广的选择范围。典型代表人物如《红楼梦》中的王熙凤、《水浒传》中的燕青等。适合从事要求迅速灵活反应的工作，如记者、律师、艺术工作者、导游、外交官、公安、军官、秘书和其他社会工作者等职业，但不适宜从事单调的机械工作和要求细致的工作。

3. 黏液质

黏液质的人属于缄默而安静的类型。他们情绪兴奋性低，安静沉稳，灵活性低；内倾明显，外部表现少，无论环境如何变化，都能基本保持心理平衡，反应速度慢，但稳定性强，偏固执、冷漠；比较刻板，有较强的自我克制能力，能够埋头苦干，态度稳重，不易分心，对新职业适应慢，善于忍耐。典型代表人物如《水浒传》中的林冲等。这类人适合从事要求稳定、细致、持久性的活动，如会计、法官、管理人员、外科医生、图书管理员、翻译、商务、教师、科研人员等，但不适宜从事具有冒险性的工作。

4. 抑郁质

抑郁质的人属于呆板而羞涩的类型。他们敏感，行动缓慢，情感体验深刻，观察力敏锐，易感觉到别人不易觉察的细小事物，易疲倦，孤僻，工作耐受性差，做事审慎小心，易产生惊慌失措的情绪，往往是多愁善感的人。典型代表人物如《红楼梦》中的林黛玉等。他们适合要求精细、敏锐的工作，如哲学、理论研究、应用科学、机关秘书、作家、画家、诗人、打字员、音乐家等。

以上所列的是4种典型的气质类型，多数人的气质类型没有这么典型，而是接近某种类型，或者是2种甚至3种类型相结合的中间型，如胆汁—多血质、多血—黏液质、黏液—抑郁质等，需要更多地去把握相对主导的气质类型。同时，4种气质类型与职业的关联仅仅是相对的，也没有好坏之分。如今，很多职业对人员素质的要求也是复合的，受多种因素的影响，因此不能绝对地去理解这种匹配方式。

（二）外向型和内向型分类法

这种分类方式来自著名心理学家荣格（Jung）的人格理论。荣格认为，人都有一种来自本能的力量，称为力比多，力比多流动的方向就决定了人的气质类型。力比多倾向于流向外部世界的个体，是外向型；力比多倾向于流向自己内在心理活动的个体，是内向型。外向型的人关注外部世界，兴趣爱好广泛，爱好社交、乐群、活跃，容易适应环境的变化，还可以进一步分为社交型、行动型、过于自信型、乐天型和感情型。内向型的人更多地关注主观世界，经常进行自我反省，喜欢独处、沉思，比较沉默、孤僻，较难适应环境的变化，也可以进一步分为孤独型、思考型、丧失自信型、不安型和冷静型。大多数人属于兼有两者特征的中间型，在不同的场合下会表现出不同的倾向性。

（三）场独立型和场依存型分类法

美国心理学家威特金（Hermam A.Witkin）发现，个体可以分为两种气质类型，即场依存型和场独立型。场依存型的人倾向于以外在参照物为信息加工的依据，他们易受环境或附加物的干扰，常不加判断地接受别人的意见，社会敏感性强，爱好社会交往。场独立型的人更多地利用内在参照作为信息加工的依据，不易受外来事物的干扰，具有独立判断事物、发现问题、解决问题的能力，但是社交能力差、喜欢独处。比如，生活中经常有人总是不能很好地辨别方向，需要借助太阳、阳台等事物识别方向，而另外一类人即使到了一个新的环境，也能很快辨别出空间方向，这就是场依存型和场独立型的一个表现。场依存型的人更适合从事社会型的工作，适合与人沟通，团队意识和团队合作性强，善于把握人际关系。场独立型的人更适合从事技术类、工程类的工作，有独立分析和解决问题的能力，思考问题深入、辨别力强，适合与物打交道，从事实业。

最后需要强调的是，气质无好坏之分，不同气质的人都可以在各自的领域内取得伟大的成就，只能说某种气质特征可以为一个人从事某类工作提供有利的条件罢了。

三、性格与职业

（一）性格的概念

性格是具有核心意义的个性心理特征，人们通常所说的个性，主要就是指性格。性格是人的态度和行为方面较稳定的心理特征，是指一个人在生活中形成的对现实的稳定的态度，以及与之相应的行为方式。人们在日常生活中常使用这个词。比如，人们常说的勇敢与懦弱、轻信与多疑、谦逊与傲慢等，都是在描述人的性格。

恩格斯说过，“人的性格不仅表现在他做什么，而且表现在他怎么做。”这句话简明而完整地阐述了性格的含义。人的性格主要表现在两个方面：一方面是人对现实的态度，表明一个人追求什么、拒绝什么；另一方面是人的行为方式，表明一个人如何去追求他想得到的东西，如何去拒绝他所要避免的东西。因此性格与气质的不同在于，性格是人格中涉及社会评价的那一部分内容，更多地受环境影响，反映了社会文化的内涵。气质体现了人格的生物属性，性格则体现了人格的社会属性：气质反映了人的神经、生理机能，性格则反映了人的社会价值。

有人说“性格决定命运”。的确，性格直接影响了个体处理外部信息和采取行为的方式。不同性格的人面对同样的情境，可能会采取截然不同的做法，从而产生截然不同的结果。性格与气质不同，它不仅有类别的不同，还有优劣的区别。面对不同的事件，个体可能产生积极的态度和行为，也可能产生消极的态度和行为。个体的性格就有积极和消极的区别。所以，培养学生优良的性格是现代教育的重要职责。

（二）性格的类型

1. 以心理机能优势分类

英国的培因（A.Bain）和法国的李波特（T.Ribot）根据理智、情绪、意志三种心理机能在人的性格中所占优势不同，将人的性格分为理智型、情绪型、意志型。理智型的人通常以理智来评价周围发生的一切，并以理智支配和控制自己的行动，处事冷静。他们总是按照最优化的原则去做事情，在情感因素面前，更加注重实效。情绪型的人通常用情绪来评估一切，重视人际关系，他们感情丰富、言谈举止易受情绪左右，容易感情用事，不能三思而后行。意志型的人通常行动目标明确，主动、积极、果敢、坚定，有较强的自制力，能够战胜困难和挫折，坚定地实现目标。除了这三种典型的类型外，在生活中大多数人是混合型。比如，理智—意志型的人更容易达到目标、取得成功。

2. 迈尔斯－布里格斯类型指标（MBTI）性格分类

MBTI是目前国际上普遍使用的人格类型测试。MBTI人格类型理论始于著名心理学家荣格，基于荣格关于人格中知觉、判断和态度的观点，后经美国心理学家布里格斯（Briggs）和迈尔斯（Myers）母女深入研究而发展成型的，现已广泛应用于职业发展、职业咨询、团队建设、婚姻教育等方面。

MBTI理论认为，在日常生活中，人们会把注意力指向外部世界，也会指向自己的内心世界。在注意的基础上，通过感觉和直觉来获取外界的信息，并利用这些信息结合自己的价值观对事情做出选择和判断，最后组织自己的行为，实施行动。认识和处理任何事物，一般都要经历注意指向、获取信息、加工和决策、行动4个过程。MBTI理论认为在这4个维度上，针对每个维度人群中都可能有两种相对的表现。

（1）注意指向的维度：外倾（E）和内倾（I）。外倾：注意力和能量主要指向外部的人和事，习惯于外界活动，喜欢与人打交道。内倾：注意力和能量主要集中于内心主观世界，喜欢独处、内省，孤僻、安静。

（2）获取信息的维度：感觉（S）和直觉（N）。感觉：倾向于通过自己的五官获取环境的现实信息，获取信息的方式是具体的、精确的、实际的，着眼于现在。直觉：倾向于通过抽象、想象等超越感官的方式获取信息，偏好抽象的、意义的、未来的处理方式，注重事物的价值和含义。

（3）加工和决策的维度：思维（T）和情感（F）。思维：倾向于遵循逻辑和推理来做出理性的、公平公正的决定，有一套既定的行为准则。情感：倾向于通过自己的价值判断来做出主观的、感情化的、因时因地制宜的决定。

（4）行动的维度：判断（J）和知觉（P）。判断：倾向于通过思维和情感去组织、计划和调控自己的生活，偏好所接触的事情都能条理分明、秩序井然，希望凡事都在掌握之中。知觉：倾向于用感觉和知觉的方式做决定，态度总是灵活机动的、开放的，希望事情能保持弹性开放，任其自然发生，不受制于既定的轨道。

4个维度上8种态度的不同表现，组合出16种人格特质，如表2–2–1所示。

表2-2-1　MBTI性格类型与匹配职业

ISTJ 内倾感觉思维判断 稽查员	ISFJ 内倾感觉情感判断 保护者	INFJ 内倾直觉情感判断 咨询师	INFP 内倾直觉情感知觉 治疗师、导师
ESTJ 外倾感觉思维判断 督导	ESFJ 外倾感觉情感判断 供给者、销售员	ENFJ 外倾直觉情感判断 教师	ENFP 外倾直觉情感知觉 倡导者、激发者

续表

ISTP 内倾感觉思维知觉 操作者。演奏者	ISFP 内倾感觉情感知觉 作曲家、艺术家	INTJ 内倾直觉思维判断 科学家	INTP 内倾直觉思维知觉 建筑师。设计师
ESTP 外倾感觉思维知觉 发起者	ESFP 外倾感觉情感知觉 表演者、演示者	ENTJ 外倾直觉思维判断 统帅、调度者	ENTP 外倾直觉思维知觉 企业家、发明家

每种人格类型都有自己的优点和缺陷，体现了人们对人、职业和生活的态度和取向，代表一种行为和态度的偏好。每种类型都对应了可能的职业兴趣和工作环境的偏好，而且它能够从人格分析的角度解释人们为什么喜欢这样的工作。因此，MBTI 可以很好地帮助人们认识自我，从而更好地把握自己的职业倾向。

3. 特质论

特质论的心理学家认为性格是由很多特质组成的，人们在特质上的差异形成了不同的性格。美国心理学家奥尔波特（Allport）最早提出人格特质学说。他认为，性格包括两种特质：一是个人特质，为个体所独有，代表个人的行为倾向；二是共同特质，是同一文化形态下的人们所具有的一般共同特征。另一位心理学家卡特尔（Cattell）根据奥尔波特的观点，采用因素分析法，将性格的众多因素分为表面特质和根源特质。表面特质反映一个人外在的行为表现，是直接与环境接触、常随环境变化而变化的不是特质的本质。他总结出 35 种表面特质。根源特质是一个人整体人格的根本特征，每一种表面特质都来源于一种或多种根源特质，而一种根源特质也能影响多种表面特质。他通过多年的研究，找出了 16 种根源特质，分别是乐群性、聪慧性、稳定性、支配性、怀疑性、兴奋性、有恒性、敢为性、敏感性、幻想性、世故性、忧虑性、实验性、独立性、自律性、紧张性。卡特尔根据这 16 种根源特质，设计了卡特尔 16 种人格因素问卷，成为应用十分广泛的人格测试问卷。人们可以通过这份问卷，了解自身在 16 种根源特质上的分布状况，从而加深对自我性格特点的认识。

性格影响着一个人的职业适应性，选择职业时要考虑性格的职业品质，尽量选择适合自己性格特点的工作。不同的职业对人有不同的性格要求，选择适合自己的工作有利于个体顺利适应工作环境、提高工作效能，增进个体对工作的满意度和认同感。

另一方面，不论哪一种性格，都是在一定的社会历史条件下，在长期的社会实践中逐步形成的。职业也可以影响和造就从业者的性格，从而使得从业者更加符合职业的要求。在职业环境中，个体可以主动改变自己，主动塑造与职业相适应的性格特征，更好地适应职业环境。

第三节　职业价值观

一、价值观概述

（一）价值观的含义

价值观是指个人对客观事物（包括人、物、事）及对自己的行为结果的意义、作用、效果和重要性的总体评价，是对什么是好的、应该的的总看法，是推动并指引一个人采取决定和行动的原则、标准，是个性心理结构的核心因素之一。它使人的行为带有稳定的倾向性。价值观是人用于区别好坏、分辨是非及其重要性的心理倾向体系。它反映人对客观事物的是非及重要性的评价，人不同于动物，动物只能被动地适应环境，人不仅能认识世界是什么、怎么样和为什么，还应知道应该做什么、选择什么，发现事物对自己的意义，设计自己，确定并实现奋斗目标。这些都是由每个人的价值观支配的。价值观决定、调节、制约个性倾向中低层次的需要、动机、愿望等，它是人的动机和行为模式的统帅。人的价值观建立在需求的基础上，一旦确定则反过来影响、调节人进一步的需求活动。

由于个人的身心条件、年龄阅历、教育状况、家庭影响、兴趣爱好等方面的不同，人们对各种职业有着不同的主观评价。从社会层面来讲，由于社会分工和生产力水平的影响，各种职业在劳动性质的内容上、在劳动难度和强度上、在劳动条件和待遇上、在所有制形式和稳定性等诸多问题上，都存在着差别。再加上传统的思想观念等的影响，各类职业在人们心目中的声望、地位便也有好坏高低之分，这些评价都形成了人的职业价值观，并影响着人们对就业方向和具体职业岗位的选择。

（二）价值观的类型

人们的生活和教育经历互不相同，因此价值观也多种多样。行为科学家格雷夫斯（Graves）为了把错综复杂的价值观进行归类，曾对企业组织内各式人物做了大量调查，就他们的价值观和生活作风进行分析，最后概括出以下七个等级。

第一级，反应型。这种类型的人并没有意识到自己和周围的人是作为人类而存在的。他们会照着自己基本的生理需要作出反应，而不顾其他任何条件。这种人非常少见，实际等于婴儿。

第二级，部落型。这种类型的人依赖成性，服从于传统习惯和权势。

第三级，自我中心型。这种类型的人信仰冷酷的个人主义，自私且爱挑衅，主要服从于权力。

第四级，坚持己见型。这种类型的人不能容忍模棱两可的意见，难以接受不同的价值观，希望别人接受他们的价值观。

第五级，玩弄权术型。这种类型的人通过摆弄别人、篡改事实，以达到个人目的，非常现实，积极争取社会地位。

第六级，社交中心型。这种类型的人认为被人喜爱和与人为善重于自己的发展，受现实主义、权力主义和坚持己见者的排斥。

第七级，存在主义型。这种类型的人能高度容忍模糊不清的意见和不同的观点，对制度和方针的僵化、空挂的职位、权力的强制使用等敢于直言。

这种等级分类方式发表以后，管理学家迈尔斯（Miles）等人在 1974 年就美国企业的现状进行了对照研究。他们认为，一般企业人员的价值观分布于第二级和第七级之间。就管理人员来说，过去大多属于第四级和第五级，现在情况在变化，这两个等级的人逐渐被第六、七级的人取代。

（三）价值观的特性

价值观是因人而异的。由于每个人的先天条件和后天环境不同，人生经历也不尽相同，每个人的价值观的形成会受到不同的影响。因此，每个人都有自己的价值观和价值观体系。在同样的客观条件下，具有不同价值观和价值观体系的人的动机模式不同，产生的行为也不同。价值观是相对稳定的。价值观是人们思想认识的深层基础，它形成了人们的世界观和人生观。

（四）价值观的作用

价值观对人们自身行为的定向和调节起着非常重要的作用。价值观决定着人的自我认识，它直接影响和决定人的理想、信念、生活目标和追求方向的性质。价值观的作用大致体现在以下两个方面。

第一个方面是价值观对动机有导向的作用。人们行为的动机受价值观的支配和制约，价值观对动机模式有重要影响。在同样的客观条件下，具有不同价值观的人，其动机模式不同，产生的行为也不同。动机的目的受价值观的支配，只要那些经过价值判断被认为是可取的，才能转换为行为的动机，并以此为目标引导人们的行为。

第二个方面是价值观反映人们的认知和需求状况。价值观是人们对客观世界及行为结果的评价和看法，因而它从某个方面反映了人们的人生观和价值观，反映了人的主观认知世界。

不同求职者由于其所受教育的不同和所处环境的差异，在职业取向上的目标和要求也是不同的。在许多场合，往往要在一些得失中做出选择，而左右人们选择的就是职业价值观。

（五）大学生确立正确的价值观的方法

1. 选择高尚的人生观

社会主义核心价值观体现了社会主义精神文明所倡导的为中国特色社会主义和共产主义而奋斗的社会政治理想、为人民服务的人生观、社会主义的荣辱观、崇尚科学追求真理的科学观、集体主义的道德观、真善美相统一的积极健康的审美观等。

当前，我国正处于社会转型的加速期。随着经济社会领域的不断改革与深化，在思想文化领域，主流文化与非主流文化发生碰撞，大学生人生观的形成与发展面临着严峻的挑战。适逢党和国家大力倡导建设社会主义核心价值体系，并将建设社会主义核心价值体系作为社会主义和谐文化建设的一个重要方面，推动社会主义文化大发展大繁荣。社会主义核心价值体系是激励全民族奋发向上的精神力量，是维系全民族团结和睦的精神纽带，也是引领大学生成长成才的根本指针，其科学内涵和精神实质与大学生人生观教育的内容和要求存在着诸多契合点。在新的历史阶段，以社会主义核心价值体系为重点，对大学生进行人生观教育，帮助大学生树立符合时代要求的、科学的、正确的人生观，并以此来指引人生航向，实现人的全面发展，将有利于中国特色社会主义建设的顺利进行，有利于推进社会主义和谐社会建设的步伐，有利于加速实现中华民族的繁荣富强与伟大复兴。

2．树立正确的金钱观、权力观

矛盾是对立统一的两面，而金钱也不例外。对于那些志高清廉、不爱慕金钱的人来说，金钱是魔鬼，它会腐蚀人的思想、消磨人的意志；而对于爱慕虚荣的人来说，金钱就是最美的天使，不但能带来荣华富贵，还能带来权力和地位。世界上存在着这两种人，所以金钱也存在两种不同的诠释。

拿破仑曾拥有许多人梦寐以求的一切——荣耀、权力、财富，但他却说："我这一生没有过一天快乐的日子。①"而海伦·凯勒（Helen Keller）却表示："我发现生命是这样的美好。②"钱能买来食物，却买不来食欲；钱能买到床铺，却买不到睡眠；钱能买来药品，却买不来健康；钱能买来熟人，却买不来朋友；钱能买到钟表，却买不到时间；钱能买到书籍，却买不到知识；钱能买来奉承，却买不来信赖。人生的追求是丰富多彩的，物质生活的满足固然重要，而崇高的理想、事业的成功、家庭的幸福、身体的健康更应该成为人生的追求，尽管其中不少方面离不开金钱，但却不是完全用金钱可以买到的，所以钱不能解决任何问题。

因此在现实生活中，有很多东西比金钱更重要，如高尚的人格、父母的亲情、真挚的友谊、忠贞的爱情等，都是金钱"遥不可及"的。因此作为大学生，应当树立正确的金钱观、权力观。对于金钱，不仅要用之有益，还得取之有道，用正当手段赚钱，靠诚信劳动和合法经营获得财富。

3．正确认识并处理好理想与现实的关系

人生理想的实现就是把理想转化为现实，理想是美好的，但并不总是能实现的，作为大学生更应该处理好理想与现实的关系。理想是可以转化为现实的，但这必然是一段艰苦的实践过程，需要全身心投入，努力开拓进取。

也许现在的不如意、逆境、挫折乃至苦难会让人们觉得难过，但这都是财富。人们常说，"苦难是最好的大学"古今中外，凡成就大事业者，无一不是从苦难中走出来的。在逆境中，人们会经受各种考验与锤炼，百炼成钢，成就非凡的意

① 路德维希．拿破仑传[M]．梁锡江，龚艳，石见穿，译．南京：译林出版社，2016．

② 凯勒．我生活的故事[M]．王林，陈红，蒋美红，译．北京：北京燕山出版社，2006．

志品质和能力。逆境并不可怕，可怕的是把它看成结局而不是过程。只有正确认识并处理好理想与现实之间的关系，大学生才能在追寻理想的路途中不迷惑、不退缩，才能在正确的价值观念的引导下收获成功。

（六）大学生树立现代竞争观念的方法

随着社会主义市场经济体制的建立与发展、社会各行各业竞争的加剧，当代大学生有必要提高自身素质，培养能适应激烈竞争的社会竞争意识，以正确的竞争意识接受社会带来的严峻挑战，树立正确的人生观、价值观，根据自身的能力去捕捉有限的工作机会。为社会输送有用的合格的人才是学校的办学目的，因此应重视大学生的竞争意识的培养，采取有效措施帮助大学生牢固树立竞争意识、增强竞争实力，使学校培养的人才更符合社会的需求。

1. 加强对大学生竞争意识的培养

随着社会的进步与发展，对人才的要求也越来越高，大学生占据着就业人群的大部分，对社会的发展起着重要的作用。培养大学生的竞争意识是学校必须且必然要进行的一项工作，大学生尚处在受教育阶段，校园生活的平静与美好使其对社会的发展及市场经济体制的建立感受尚浅，无法深刻体会到增强自身的竞争意识对个人乃至整个社会的影响程度。他们对竞争激烈的当代社会缺乏认识，对自己所面临的严峻挑战还不够重视，也没有做好充分的准备。因此，学校在传授大学生文化知识的同时，要加强竞争意识的培养，使学生能够树立正确的社会竞争观念，加大宣传教育力度，开设更多更有趣的课程让学生全面学习市场经济知识，了解社会主义市场经济的基本特点，开展相关专题讲座、知识竞赛等活动，激发大学生的主观能动性，使大学生首先从思想上接受竞争。

在学校这样一个大集体中培养学生的竞争意识，校团委与学生会等群体、学生社团的作用是不可忽视的，鼓励他们积极开展有益的竞争活动，为大学生参与竞争创造条件。同时，还应统筹、计划竞争活动的开展方式，不可忽视学生德智体的全面发展，既要积极开展相关的理论知识的学习培训及竞赛，又要抓好学生对实用技能的掌握程度,促使大学生全面提高素质。学校作为大学生学习的主要场所，良好的学风对大学生竞争意识的培养也极为重要，良好的学风有助于大学生树立正确的人生观、价值观，明确自己的人生目标从而端正学习态度，引导大学生主动地、全身心地投入学习和工作中。

2. 大学生自身竞争意识的提高

面对竞争日益激烈的社会，当代大学生要加强对竞争意识的重视，要审时度势，认真分析思考，虽然大学生在大学期间的主要任务是学习文化知识，但面对实际的社会情况，大学生要不断地增强自身的社会竞争意识，时刻自我提醒。如今，竞争已经渗透到大学生成长的各个环节，大学生面临的最现实、感触最深的竞争就是就业竞争，因此无论处于什么样的状态都要有危机感和紧迫感，及时转变观念，重视竞争意识的自我培养。

当然，面对社会的竞争，光有勇气与胆量也是不够的，知识和能力也发挥着重要作用，在竞争激烈的市场经济浪潮中，要想站住脚跟、稳稳当当，就必须拥有扎实的专业知识，掌握一定的基本技能。因此，在校大学生要适时调整思想和状态，通过各种有效途径，了解社会体制与时事政治，时刻关心国家和国际上的大事，拓宽知识面，强化现代实用技能的培训，积蓄参与竞争的资本，使自身在社会竞争激烈的情况下可以游刃有余，在实践中展示自身才华，实现人生价值。

3. 社会体制的完善有助于大学生竞争意识的培养

随着教育改革的深入，大学毕业生就业已是用人单位有选择学生的自由权、学生有选择单位的主动权的双向选择关系。在社会经济发展步伐加快的同时，社会体制也在不断完善，教育部门对大学生能否掌握专业知识和实际操作能力越来越重视，各相关单位（部门）应举办各种大型知识竞赛活动，实施有效的奖励政策，鼓励大学生积极参与，挖掘他们的潜力，使他们的能力得到全面发展。教育部门实施的各项奖学金政策，也是在鼓励大学生要积极参与各项活动，从而使大学生自觉地提高自身素质，增强竞争意识。

当下大学生要想增强自身的竞争力，靠的不仅仅是扎实的专业知识，也需要积累丰富的经验，从各方面提高自身素质，使自己能够在日益激烈的社会竞争中实现自身价值，成为符合社会需求的合格人才。

二、职业价值观概述

（一）职业价值观的定义

职业价值观指价值观在职业选择上的体现，也可称之为择业观，是人们对待职业的一种信念和态度，或人们在职业生活中表现出来的一种价值取向。在选择职业时，个人的择业标准及对具体职业的评价集中反映了其职业价值观。

（二）职业价值观与需要理论

根据马斯洛的需求层次理论，人类的行为从低级需要向高级需要循序上升。在人们的生活有基本保证、物质待遇差别不大的情况下，人们的行为目标往往容易指向高级的精神需要。如果存在获取更多物质利益之可能的情况，人们的行为就会向满足低层次的物质需求方面回归。

三、当代大学生职业价值取向的特点

由于每个大学生的思想观念、生活阅历、家庭环境、兴趣爱好等方面的不同，其择业价值取向也存在着差异。对大学生群体来讲，因时代不同、地域不同等原因也会出现择业价值取向的不同。当代大学生择业价值取向的特点如下。

（一）在价值主体上个人取向增强

当代大学生在职业追求上更多地看重职业的个人价值，很少考虑职业的社会价值。大学生个体更多地考虑自身的利益，很少考虑个人利益和国家利益的结合，这是价值取向上的一种失衡，是很值得注意的问题。

（二）在价值目标上注重经济价值

毕业生在择业时，把经济收入因素放在重要的位置，而对未来专业知识的发挥看得较轻，甚至完全不考虑，这反映出大学生在择业价值取向上首先追求经济利益。

（三）在地域选择上普遍向往经济文化发达地区

大学就业选择的普遍趋势是边远地区的学生向往内地，内地的向往沿海地区；农村的向往城市，中小城市的向往大城市，这种趋势加剧了艰苦贫困地区人才缺乏的状况。

（四）行业的选择

在对行业的选择中，尽管可能因各地经济发展状况不同而有一定的差别，但大学生大都把经济利益、个人发展、社会地位等几个方面作为重要因素来考虑，这也是当代大学生择业价值取向的最突出的特点。社会形成的新的人生观和价值观，使某些大学生在学与用、个人生活目标与社会长远发展、物质享受和精神理想之间产生了尖锐的冲突，将大学的功能看作是获得一些实用技能，将教育目标定为毕业以后找一个"金饭碗"，部分大学生丧失了应有的文化底蕴和精神素质。

四、树立自强自立的就业观

就业观是指个体对就业方向和职业选择的基本观点和判断，是个体在一定的世界观、人生观和价值观的指导下，对自己未来所从事的职业和发展目标的基本认识和态度。大学生应该树立如下的就业观。

（一）树立服务社会、造福人民的人生理想

职业活动既是人们为社会服务的途径，同时又是人们谋生的手段。对于就业观不同的人，两者的比重是迥然不同的。一个具有崇高理想的人，总是把造福人类、造福社会作为自己奋斗的根本目标。爱迪生曾表示，他的人生哲学是工作，他要揭开大自然的奥秘，并以此为人类造福。他在世的短暂的一生中，不知道还有什么比这种服务更好的了。造福人类、造福社会是一切品德高尚、功勋卓越的人工作的根本目的，作为跨世纪的一代青年，更应树立崇高的职业理想。把个人的理想融入国家和人民的共同理想中，立志用所学知识报效祖国，为祖国和人民的利益奉献自己的才智。

（二）个人愿望和社会现实需要结合起来统筹考虑

我国经济已逐步形成了国有企业、股份企业、外资企业、乡镇集体企业、个体私营经济并存的多种经济成分。就人才需求来看，不少国有企业接纳毕业生的积极性不高，除生产第一线需要一定数量的技术工人、技术人员外，一般的技术和管理人员已趋于饱和。外资企业对人才的起点要求较高，对刚毕业的大学生也有一定的壁垒。这对试图进入大中型企业的大学毕业生提出了严峻的挑战。与此同时，股份企业、个体私营企业对人才的需求却很旺盛。如浙江省民营经济十分发达，已占据经济总量的 80% 以上。所以，大学毕业生如果还是只盯住国有

企业、外资企业是不现实的，而民营企业对大学毕业生的需求相当强烈，急需高素质的大学生来促进这些企业的新一轮发展，这为毕业生的就业开辟了一个新的天地。

（三）不唯片面对口，而求用有所长

高等教育既是专业技能教育，又是个人素质能力平台教育。一般毕业生希望学以致用，对口就业是十分自然的。但是，由于目前有些学校专业设置得较窄，不能完全适应社会经济建设的需要，调整改革也需要有一个过程，特别是经济建设最需要的往往是一专多能的通用型人才，因此对对口就业的含义要有一个正确的理解。由于某一专业科类内的许多专业的专业基础课和部分专业课是基本一致和相通的，因此从事专业大类所面向的有关职业都应当算是对口的。比如，财经类专业很多，毕业生到金融、工商管理、税务、企业财务、统计和营销等部门和岗位工作，都应当是对口就业，同样对毕业生的职业成长和发展是十分有利的。

（四）不求到位，先就业

要破除选定终身的传统就业观念，在落实和选择就业单位和岗位时，不求一步到位。许多毕业生虽然在学校较为系统地学习和掌握了一定的专业知识和专业技能，但是由于科学技术的不断发展和经济的不断变革，学校教育和生产实际相脱节的现象还不同程度地存在，学生的知识面还比较窄，缺少实践的锻炼，所学知识有待丰富。同时，随着近几年高等教育的大力发展，必将有越来越多的本科、硕士、博士毕业生直接面向社会就业，这将进一步增强就业的竞争性。因此，广大大学毕业生要对自己和社会有一个正确的认识和分析，对就业单位、岗位的挑选要适度，适当降低择业期望值，迟就业不如早就业，先就业后择业。工作若干年以后，由于知识的更新、能力的提高，还可以根据自己的实际情况和发展方向重新选择新的就业单位和岗位。

（五）不贪舒适求发展

目前，一方面，大型企业员工队伍技术管理实力强大，对人才引进不急迫，而且对员工的起点要求很高；另一方面，中小成长型企业急需高素质员工，从年轻人的成长过程来看，从中小企业第一线干起，增加实际锻炼的机会，对其今后的发展是必要和有利的。大学毕业生要敢于经受实际锻炼，在实践中不断提高自己、发展自己。

（六）把为社会做贡献与实现自我价值有机结合起来

面对日益激烈的人才市场竞争，大学生就业形势日益严峻，有些毕业生认为自己生不逢时，很难实现自己的价值，因此而妄自菲薄、自暴自弃。实际上，人生的价值主要体现在创造的过程中，一个人应从低点、基层起步，经过自己的努力，提高自身的职业能力，一步一步积累和成长，为社会和组织做贡献，同时也能实现自己的目标。所以毕业生切忌好高骛远，片面追求工作单位的地域和待遇，择业要注重学以致用和成才环境，只有学用一致，才能发挥职业特长；而工作单位的成才环境，对一个人日后的发展及价值的实现关系重大，绝不可弃而不顾。

第四节　职业技能探索

一、能力的含义

能力是完成一定活动的本领，是一种力量，也指才干或完成某项工作需要具备的主观条件、心理条件。能力是人们在实际的社会实践中为完成某种活动应该具备的个性心理特征。任何一种活动都要求参与者具备一定的能力，而且能力直接影响着活动的效率。

活动是能力展现的舞台，不在活动中实践锻炼，则难以体现和形成能力。能力是个性心理特征之一，而不是完成某项工作或某种活动的全部心理条件。能力水平的差异，是指人与人之间各种能力的发展程度不同，所具有的水平不同。例如，人们都具有记忆能力，但人与人之间的记忆力强度不同；人们也都有思维能力，但思维的广度和深度也大不相同。能力一般分为一般能力和特殊能力两种，不同的工作职位对能力的要求也存在差异。

二、能力与职业的关系

能力与就业之间存在着千丝万缕的联系，它是求职者进入心仪的公司或喜欢的职业的敲门砖。正因如此，大学生应该对自己的能力有一个大致的认识，并根据自己的就业目标着重培养、发展与职业相匹配的能力，只有这样才能在众多求职的竞争者中拥有对职位的竞争力。

人的职业能力一般分为九个方面，包括一般言语能力、数理能力、察觉细节能力、运动协调能力、空间判断能力、书写能力、动手能力、组织管理能力、社会交往能力。对言语能力有要求的职业，如记者、教师等；对数理能力有要求的职业，如会计、统计等；对察觉细节能力有要求的职业，如画家、医生等。能力在不同的性别上也有不同的体现，各有优劣，如女性在哲学、自然科学、经济学领域中的占比低于男性，但在文学、新闻、医学、教育等领域则有明显的优势。换句话说，女性更擅长情感细致的工作。能力是胜任某项工作或顺利完成某个活动的主观条件，大学生只有了解自己的能力和不同职业需要具备的能力，才能在求职中做到知己知彼，避免在职业选择上陷入迷茫。

三、职业技能探索的内容

做任何事情一定会涉及做什么（what）、做（do）和如何做（how）三个方面，这就是技能问题。正确地认识技能，有利于个人对自我能力的培养有基本的认知和方向，建立自信心，对于求职和工作有着积极的意义。

（一）技能的分类

辛迪·梵（Sidney Finc）和理查德·鲍尔斯（Richard Bolles）将技能分为3种类型：专业知识技能、自我管理技能、可迁移技能。

1. 专业知识技能

专业知识技能是指我们掌握的专业知识，是个人在所在领域和所从事领域所用到的专业知识和必备的本领。知识技能通常要用名词来代替，如英语、心理学、摄影等。专业知识技能不仅要全面，还要系统，常常与专业学习或工作内容直接相关。所以，需要经过有意识的、专门的学习和记忆。专业知识技能多用名词来表示。

大学生对于职业技能应当注意以下几大方面。其一，并不是只能通过正式的专业教育才能习得专业知识技能，还可以通过课外培训、讲座、专业会议等获得知识技能，大学生还可以在简历上注明学习成绩和奖学金等来体现知识技能。其二，知识技能虽然重要，但绝不是招聘单位看重的唯一技能。除了专业知识技能，自我管理技能和可迁移技能也同样重要，甚至对于求职者来说，后两类技能更受到招聘单位的认可和重视，能给求职者带来更多的机会。所以，大学生在专业知识学习的过程中，也要注意自我管理和可迁移技能的发展。其三，技能的组合十分重要。“复合型人才”就是多功能人才，特点是多才多艺，能够在很多领域大显身手。企业招聘也更倾向于有多种技能傍身的人才，技能组合在求职中显然也更具有优势。

2. 自我管理技能

自我管理技能又被称为职业素养，是指受教育者依靠主观能动性，按照社会目标有意识、有目的地对自己的思想、行为进行转化控制的能力。但自我管理技能更倾向于个性品质。良好的自我管理技能使个体在面对工作中的困难和环境的干扰时能自主从容地应对有方，是个人最珍贵、最有价值的优秀品质。事实上，很多大学生被解雇或频繁离职多数是因为自我管理技能的缺失，而不是专业能力的不足。自我管理技能是适应性技能，是使大学生安身职场、适应职场的必备技能，因此大学生想要摆脱“眼高手低、缺乏脚踏实地的精神、缺乏为人处世的基本能力”的评价，就需要培养自己的自我管理技能，这显然是至关重要的。

3. 可迁移技能

可迁移技能又称为通用技能，是个体可以顺利开展的活动，即一个人就能从事的工作内容，如教学、组织、计算、分析、决策等。可迁移技能的特点是它无论在工作中还是工作外都能得到发展，尤其是在工作外。可迁移技能同知识技能相比，前者在观察、实践、思考、熟练的过程中逐渐掌握，并不因外部工作环境变迁而废弃，可以在很多情况下都得到应用。随着经验的累积和阅历的增长，可迁移技能还会有进一步的发展。很多招聘单位更看重具有可迁移技能的人才，并优先选择具备可迁移技能且与企业文化契合的高端人才。例如，华为重视动手能力、新东方强调沟通能力。

（二）技能与职业

根据美国“全国大学与雇主协会”（National Association of Colleges &Employers）的调查，美国雇主最为看重的技能，如表 2-4-1 所示。

表 2-4-1　美国雇主最看重的技能

排序	技能	排序	技能
1	沟通能力	7	适应能力
2	积极主动性	8	专业技术
3	团队合作精神	9	诚实正直
4	领导能力	10	工作道德
5	学习能力	11	解决和分析问题的能力
6	人际交往能力		

在表 2–4–1 中，1、4、6、7、11 都属于可迁移技能，2、3、9、10 都是自我管理技能，而知识技能排在第 5 和第 8。

个人感到“内在满意”的前提条件是工作环境可以满足个人需求；个人达到“外在满意”的前提条件是个人满足工作的需要，即满足雇主、同事的工作需求。内在满意、外在满意二者都符合要求的话，那么可以说个人与环境之间已然达到了协调的关系，如若个人在工作时获得了足够的满足感，也会在该工作领域长远地发展。个人在选择职业时，通常会更倾向于那些可以满足自身对工作环境的需求、自己可以很好地胜任、能够培养和发展自身的技能等的工作。因此，技能与个人对工作适应性、职业稳定性等有直接的关系。发现自己的成就及技能，同时了解职业对技能的要求也对内在满意和外在满意的达标至关重要。

第三章 职业世界探索

现代社会是以工业生产为经济主导成分的社会，是继农业社会、传统社会之后的社会发展阶段。科学技术高度发达、社会分工日益精细、个人发展机会和自主程度增加、竞争激烈成为现代社会的基本特征。与传统社会相比，现代社会不仅对人才的素质要求发生了一些新的变化，而且个人的职业生涯发展也出现了一些新的特点，如无边界性。每个人不仅要认清形势，更重要的是要积极顺应社会发展趋势，根据社会需求并结合自身特质，选择和发展自己的职业生涯。本章主要介绍了职业的构成要素和未来职业的发展趋势、探索职业世界的环境以及方法与途径。

第一节 职业构成的要素和未来职业的发展趋势

一、职业的构成

（一）西方对职业的分类

根据西方国家的一些学者提出的理论，职业一般有以下 3 种分类方式。

（1）按脑力劳动和体力劳动的性质、层次进行分类。工作人员被划分为两类，即白领和蓝领。白领是指做专业性和技术性工作的工作人员，如行政管理人员、销售人员、办公室人员等。蓝领是指手工艺及类似的工人，如运输装置工人、农场工人、服务性行业工人等。

（2）按心理的个别差异进行分类。人格类型分为六种，分别是现实型、研究型、艺术型、社会型、企业型和常规型。划分的依据是美国著名的职业指导专家霍兰德创立的“人格—职业”类型匹配理论。这六种人格类型也对应着六种职业类型。

(3) 依据各个职业的主要职责或“从事的工作”进行分类。这种方法较为普遍，下面举两个示例。

①国际标准职业分类。国际标准职业分类把职业由粗至细分为4个层次，有8个大类、83个小类、284个细类、1 506个职业项目，总共列出职业1 881个。其中8个大类是：专家、技术人员及有关工作者；政府官员和企业经理；事务工作者和有关工作者；销售工作者；服务工作者；农业、牧业、林业工作者及渔民、猎人；生产和有关工作者、运输设备操作者和劳动者；不能按职业分类的劳动者。这种分类方法有利于提高国际职业统计资料的可比性和便于国际交流。

②加拿大《职业岗位分类词典》中的分类。它把分属于国民经济中主要行业的职业划分为23个主类，其下分81个子类、489个细类、7 200多个职业。此种分类方式对每种职业都有定义，有很大的参考价值，细致地说明了各种职业的内容及对从业人员在普通教育程度、职业培训、能力倾向、兴趣、性格以及体质等方面的要求。

（二）我国职业分类情况

我国的职业分类起源于20世纪80年代，几经变迁和调整，反映出我国社会职业结构的发展变化。1999年，在广泛借鉴国际经验和深入分析我国社会职业构成的基础上，国家职业分类大典和职业资格工作委员会编制完成了《中华人民共和国职业分类大典》，对我国当时的职业状况做了科学、客观、全面的分析与总结。之后，根据时代的发展变化，进行了多次调整。2015年7月29日，国家职业分类大典修订工作委员会审议并颁布了《中华人民共和国职业分类大典》(2015年版)，其中把职业分为4个层次，包括8个大类、75个中类、434个小类、1 481个细类。细类为最小类别，即职业。具体划分如表3-1-1所示。

表3-1-1　我国职业分类表

大类		种类	小类	细类（职业）
序号	名称			
①	党的机关、国家机关、群众团体和社会组织、企事业单位负责人	6	15	23
②	专业技术人员	11	120	451
③	办事人员和有关人员	3	9	25

续表

大类		种类	小类	细类（职业）
序号	名称			
④	社会生产服务和生活服务人员	15	93	278
⑤	农、林、牧、渔业生产及辅助人员	6	24	52
⑥	生产制造及有关人员	32	171	650
⑦	军人	1	1	1
⑧	不便分类的其他工作人员	1	1	1
合计	8 类	75 类	434 类	1481 类

二、未来职业的发展趋势

在当代社会，世界上大多数国家把经济的增长和发展放到了中心或优先的位置，其结果是直接促使产业结构和行业结构变迁速度的加快。如 18 世纪的工业革命时期，纺织行业是当时的主要工业行业，直到 20 世纪，钢铁和建筑行业才开始超过它。而电子计算机行业从产生到发展成为当今社会的一个主要行业，仅用了短短十几年的时间。产业结构和行业结构的变迁加速后，职业的结构、数量和分布状况的变迁也更加频繁。随着世界经济、社会文化和科学技术的发展，社会上的行业结构将发生很大的变化，未来社会对人才需求的情况也会发生重大调整。在这种情况下，大学生要想在职业世界中有所作为，必须对未来职业的发展变化趋势有所了解。

（一）新经济给职业世界带来的新变化

新经济是一种历史的进步，是基于知识经济的全球化经济，其基本特征是高技术化和全球化。新经济和传统经济相比有以下 5 个明显不同的特征。

（1）经济主体交往不同，新经济趋向全球一体化。

（2）交换方式不同，它以电子商务为主要交换手段。

（3）生产方式不同，它以集约型为主。

（4）增长动力不同，它以高科技、信息为增长原动力。

（5）资源是共享的，它对人类的供给是无限的。

新经济颠覆了传统的资源观，强调人力资本对经济发展的贡献巨大。新经济是以现代科学技术为核心，建立在知识和信息的生产、分配和使用之上的经济。在新经济时代，中国社会发生着广泛而深刻的变革，有着快速、动态化、复杂性等特点。值得人们关注的劳动力市场对人力资源的要求有以下4个方面。

（1）经济全球化。经济全球化打破了市场竞争的边界，使企业面临着前所未有的机遇与挑战。世界经济活动超越国界，通过对外贸易、资本流动、技术转移、提供服务、相互依存、相互联系而形成了全球范围内的有机经济整体。在经济全球化进程中，社会分工得以在更大的范围内进行，资金、技术等生产要素可以在国际社会中流动和优化配置，由此可以带来巨大的分工利益，推动世界生产力的发展。企业的管理者要针对这一趋势以一种新的思维重新思考人力资源在企业中的角色与价值培植问题，建立新的模式来提高竞争力。

（2）社会知识化。21世纪的社会是一个学习型社会，越来越多的人从事知识的创造、传播和应用活动，并因此为自己、为社会创造财富。知识管理能力成了企业核心竞争力的关键，知识为企业竞争带来优势。企业应该更加重视知识的学习和应用，真正将知识视为企业财富的一部分。

（3）信息网络化。电子通信、计算机、国际互联网和其他技术的迅猛发展，打破了企业之间和个人之间在地理上的限制，创造了更广阔的工作环境和视野。新技术的快速发展，不仅减少了企业间的交易费用，还提高了企业的经营生产效率，也影响了企业管理的新方式。工作时间和工作方式不断随着技术的更迭而变换。企业也越来越意识到创造发明技术和使用操纵技术的“人”的重要作用。

（4）员工多元化。劳动力市场的健全、国家现代化进程的发展都影响着人员流动，使员工队伍的组成也日益复杂。由于个人成长背景的差异，不同员工在教育程度、知识、技能、价值观、需求等方面都存在不同。具有不同知识和素质的员工为企业创造的价值不同，不同员工的薪酬形式自然也存在差异。

（二）未来我国职业世界的发展变化

《美国新闻和世界报道》的专家对未来社会的职业发展趋势进行了预测，提出了未来世界的20个主导行业，即执法、法律、信息服务、社会工作，医疗服务、公共事务、金融、技工、电信业、工程技术、科学研究、销售、医学、传媒、教育、咨询业、广告业、艺术、娱乐、工程学。这项调查是对未来发达国家的职业发展趋势进行的预测，我国未来的职业发展既受世界性的大趋势影响，同时也受具体国情和不同社会发展阶段等因素的影响，具有自身的特点和规律，具体表现在以下几个方面。

1. 由单一基础型向跨专业、复合型转化

由于职业内涵的发展扩大，企业对具备相关专业的知识和技能的人才的要求进一步严苛，即需要更多跨专业的复合型人才。未来将很少有像过去一样掌握单一技能就能胜任的工作了，职业岗位的要求和劳动方式由单一基础型向跨专业、复合型转化。

2. 由封闭型向开放型转化

随着社会经济的发展、改革开放的深入，职业岗位的工作范围不断扩大、服务对象不断增加，与之对应的是，接收信息的渠道也必须增加，人们相互之间的交往和协作大大加强，所以要求人们具有开放的观念和心态，摆脱封闭的状态。

3. 由传统工艺型向信息化、智能型转化

传统工艺型职业在科技含量上相对滞后，在技术更新方面比较缓慢，有时跟不上时代前进的步伐。生产力发展的关键之一是增加职业岗位科技含量，改善劳动组织和生产手段，使其由传统工艺型向信息化、智能型转化。

4. 由继承型向知识创新型转化

随着知识经济的发展，对社会成员也提出了新的要求，社会成员需不断加强创新意识，在自己的职业岗位上进行创造性劳动。社会发展变化的速度加快，使完全以继承方式获得的劳动技能和方法已经落伍于时代。国家的知识创新工程使更多的工作岗位从以往的继承型转化为知识创新型。

5. 第三产业发展壮大

劳动力随着社会生产力的提高而解放，社会服务行业的需求大幅度提高，人们需要社会服务人员提供便利、解决问题。第三产业的劳动人数迅速实现跃升，包括文化教育事业、信息传播行业、管理行业、休闲娱乐行业、保健行业等。这类提供项目的行业都将发展壮大，能制造大量就业岗位，产生各种新职业，是吸纳社会劳动力的主要渠道。

（三）未来可能会消失的职业

在“大众创业、万众创新”的号召下，随着社会的发展，劳动分工发生了很大变化，有些行业会随着创造它的经济时代的变迁而逐渐退出历史舞台，一些曾经或许很热门的职业，在这个科技发展日新月异的社会里，越来越无足轻重，甚至有可能消失。据不完全统计，以下9种职业的就业人数在未来极有可能大幅度地削减。

1. 司机

随着科技的进步与发展，自动驾驶技术日益成熟，司机的职业前景岌岌可危，各大车厂都认为自动驾驶技术是下一个汽车行业的革命性产品，所以几乎全世界的汽车公司都在进行这方面的研发。未来随着科技发展，能够进一步完善无人驾驶技术对安全的保障，司机这一职业有可能会消失，与之相关的驾校老师、停车执法者等职业也可能会随之消失。

2. 各种工业样品、小商品制造者

3D打印技术对于传统的制造业来说，可以说是颠覆性的创新技术。商品将不再只能通过制造和物流的环节送到用户的手中。消费者可以选择购买所需物品的产品设计，然后通过3D打印技术得到所需物品。这种技术的优点在于其成本远低于供应链的成本，甚至无须聘用专人制造，只需一个程序就能做到。

3. 职业模特

整容业的"超微科技"使得完美脸庞的实现更进一步。能勘测脸部细节，打造适合本人的五官的新技术正在研发中。因此，完美脸庞可能不再是"上天的礼物"，从这个意义上讲，漂亮的脸蛋与高挑的身材人人都可以拥有，职业模特可能也会失去其存在的意义，时装秀可能不再是在限定场所才能看得到，将真正从T台走到每个人的身边。

4. 中介、经纪人

随着时代发展，信息的来源有越来越多的渠道，人们需要的相关信息难以再被特定的人或圈子垄断，那么类似中介、经纪人这样的职位很可能会被专业的规划师代替。譬如已经有越来越多的人选择在网上自选保险，经纪人这类职位不再有着特定信息的知晓者的光环，那么淡出历史舞台可能也是必然的走向了。

5. 加油站工作人员

新能源革命如火如荼，新能源汽车的发展势头迅猛，未来的新能源充电站也许会代替传统的加油站遍布各处，同时，充电站也会实现自动化，那么自然也就不需要人来服务，加油站工作人员可能会慢慢淡出人们的视野。

6. 有线电视安装人员

只要保证能处于 Wi-Fi 的环境中，电视上就能免费观看在线视频内容。通过电视盒子，就能让一台普通的电视变成智能云电视，可以做到与家中其他无线终端交互（手机、电脑）。有线电视占有市场的份额渐渐缩小甚至消失，电视台的构建也会推翻重组。在有线电视相关产业链上的人都要有心理准备，有线电视安装人员只是其中的一部分。

7. 记者

ChatGPT 横空出世，让人对人工智能究竟可以做到何种程度产生了好奇。美国的 Narrative Science 公司结合大数据和人工智能技术，利用软件开发的模板、框架和算法，能够瞬间撰写出上百万篇报道，报道的完整度不亚于真正的记者，其高效更是优势所在。纸媒也受新媒体的影响，生存空间不断被压缩。

8. 装配车间工人

全球最大代工企业富士康的“百万机器人计划”引起外界很大反响。与机器人技术的成熟运用对的，必然是裁减一批生产工人。当下富士康的机器人手臂虽然还只是进行简单的操作，但是随着机器人的普及、技术的成熟、成本的下降，取代装配车间工人似乎也只是时间问题。

9. 银行柜员

网络支付伴随支付宝、微信等应用的快速发展，渐渐成为支付方式的主流。有预测说，未来 10 年，中国 80 % 的现金支付方式会消失，人们逐渐选择网银或移动支付；未来 20 年，绝大多数中小银行如若不外包前台业务，可能会面临着生存危机。无论这个预测正确与否，传统金融业和科技行业都面临着广泛意义上的生存竞争，金融行业不免会因互联网的变革发生一次金融领域的革命。

（四）未来可能出现的新职业

随着科技和社会的进步，职业也在发生着改变，整个职业生涯的大环境更是在不断地改变，很难想象 20 年后各行各业的工作会变成什么样子。加拿大信托计划举办的“启发思维（Inspirexl Minds）”活动对此列举出未来至少 16 年可能出现的 6 种新兴职业，以及这些职业需要的技能和教育背景。

1. 远程外科医生

远程外科医生可以通过联网的机器设备为千里之外的病人做手术。网络技术和机器人技术的发展将使更多医院能够有条件开展远程外科手术，这也会极大地提高一些偏远地区的医疗水平。例如，一名在杭州的医生通过5G技术，远程操控远在新疆的手术机器人，为新疆兵团阿拉尔医院的一名患者做了胆囊切除手术。手术过程十分顺利，患者的身体情况目前也很稳定。总的来说，这次远程手术的效果几乎可以与传统手术媲美。

2. 垃圾规划师

所谓垃圾规划师，就是评估垃圾的价值，并通过对这些垃圾的设计，生产出一些有价值的产品。无论从现实意义还是艺术角度，垃圾掩埋场的垃圾也并非是真的一无是处，反而有很多有价值的东西，如大量金属、塑料、玻璃等材料。瑞士的Freitag公司利用旧的卡车防水布制作书包，就是一个鲜活的例子。垃圾规划师考虑的是产品生命周期的最后一步，通过废物再利用，制作出新产品。或者，他们可以和其他组织合作，重新设计产品，使其更易于回收再利用

3. 机器人顾问

未来，在提供家居照顾和服务方面，机器人将会比现在发挥更大的作用。机器人顾问通过观察家庭的交互方式来确定其需要和生活方式，为家庭挑选相应的程序。机器人顾问会观察家庭成员间的互动，明确他们的需求，选出最适合这个家庭的机器人种类。如果某个机器人不适合这家人，或者在家中造成了冲突，机器人顾问就会着手提出解决和替代方案。

4. 医疗导航员

随着社会的不断发展和人口的急剧增长，人们对医疗的需求呈现出迅猛的增长态势，而面对中国这种人口基数巨大的国家，医疗资源的匮乏是制约国民平均医疗水平提高的重要因素之一。伴随着这类问题的出现，一种新兴的职业应运而生——医疗导航员。医疗导航员致力于为需要疗养的人群提供最佳的住家医疗方案，并教授病人及其家属基本的医疗系统操作方式，配合专业的指导信息，使病人在家里就能够得到简单的基础治疗。这一职业有效地优化了治疗过程，提高了治疗质量；病人在家里接受治疗，在心理上也得到了一定的满足；同时这一职业的产生也在一定程度上解决了病人因为小问题而前往医院就医所造成的医疗资源占用问题。总之，其对提高人们的医疗效率、医疗质量和缓解社会压力有着切实的作用。

5. 太阳能技术专家

太阳能技术多年来都在不断进步，尽管它受到的非议很大，如被人贬低为不靠谱的、被理想主义者私心偏袒的技术。但无论是在价格还是性能上，都有其独特的优势。功率为 1 瓦特的商业化太阳能设备在刚应用的时候价格为 2 美元，但如今的价格还不到 1 美元。现在，太阳能设备比比皆是，如撒哈拉太阳能孵化项目、廉价薄膜电池和即贴即用电池、效率高达 41 % 的聚光光伏、捕获太阳能的涂料和闪光粉等。有人预测，未来的太阳能技术专家的职业会变得更受求职者欢迎。“种太阳”在某种意义上变成了现实。太阳能技术专家管理大片的太阳能电池，并将“收获”的电能卖给发电站和社区。抑或是他们帮助社区的业主设计、建造和维护生活区域内的太阳能电力系统，作为城市空间的顾问。

6. 鱼菜共生鱼类养殖人员

近几十年来，渔业过度捕捞一直是一个严重的问题，如果这样发展下去，野生鱼的数量将会逐步减少，我们应该警惕市场需求对自然资源造成的压力，并尽我们所能建立一个可以持续满足市场需求的体系。否则，其后果对环境和人类社会来说都是难以忽视的。所以，新的养殖方法应运而生，比如，引入水培技术来养殖鱼，以取代珍稀的野生鱼。鱼菜共生鱼类养殖与园艺相结合，在水生植物生长的水下养殖鱼类。植物为鱼供给氧气，鱼则通过排泄为植物提供肥料。复合养殖已经有数百年的悠久历史，在创造可持续的食品供应市场方面，它将扮演十分关键的角色。

三、未来职业世界对从业者的要求

经济社会发展的不同阶段具有不同的文化特征，未来的职业世界更是对从业者有着不同的要求，而职业素养的要求是从业者在职业活动中表现出来的综合品质，是从业者按职业岗位内在规范和要求养成的作风和行为习惯。具有较高职业素养的从业者，其职业生涯才有可能实现可持续发展。职业素养可以分为公共职业素养、行业职业素养、岗位职业素养 3 个层次。对职业素养的内涵和训练进行探索和实践，是用人单位与职业院校用人、育人实现双赢的合作形式，是校企深层次合作的平台，是落实校企共同设计、共同实施、共同评价重点建设专业人才培养方案的“抓手”。在如今高压力的就业形势下，摸清未来职业世界对从业者的要求，优化自身习惯，是每一个大学生都势在必行的。只有在明确这种不确定和双方需求的情况下，才能为自己在毕业后谋求稳定的工作、长期的发展创造机遇。

（一）形成良好的职业素养

职业素养包括职业能力、职业道德、职业意识、职业态度等，它是从事职业的劳动者应具备的一种综合能力和素养。劳动者除了必备的专业能力，更重要的是要有优秀的品质，如责任心、纪律性、质量意识、自信心、集体荣誉感、健康的心理素质、坚强的意志、进取心等。要注重培养与他人交流沟通的能力，遇到问题勇于承担，遭遇失败百折不挠，在未知的领域永远怀揣着谦卑学习的心，在掌握知识后能够灵活运用、开拓创新。拥有良好的职业素养是学生个体发展的需要，是大学教育的需要，也是时代对个体的要求。

1. 树立职业意识

职业意识是对职业活动的认识、评价、情感和态度等心理成分的综合，大学生对将来要从事的职业的认识难免存在偏颇，在升入大学之前，对所选专业未必有较全面的了解，存在一定的盲目性，所以树立学生的职业意识就显得格外重要。

2. 养成职业习惯

有了正确的职业意识，并不等于有了良好的职业习惯。学校在日常管理中要把职业渗透到学生的学习、生活中去，辅助学生养成符合专业要求的良好习惯，如谈吐文明、举止礼貌，培养学生的劳动意识和卫生习惯等，并且贯穿始终。

3. 开展职业实践

开展职业实践也是培养职业素养的一种方式。学生的实践活动大致分为两种，分别是校内实践和校外实践。在校内实践活动期间，学生应该把握实践性原则，按照实际工作要求自己，模拟实际工作环境，在专业老师的指导下运用理论知识解决实际问题，培养职业能力，在实践中不断学习、不断总结，在实践活动中真正做到理论与实践结合，为未来的工作就业做好准备。

（二）学会面对职业生涯的不确定性

职业生涯的不确定性可从员工与组织之间的“心理契约”的变化中得到更好的说明。“心理契约”这一术语是由美国组织心理学家阿吉里斯（Argyris，1960）

首先提出来的，他将这一术语引入管理领域，旨在强调在员工与组织的相互关系中，除正式雇佣契约规定的内容外，还存在着隐含的、非正式的、未公开说明的相互期望，它不但影响着员工的态度和行为，而且是剖析组织管理水平、洞察个体行为特征的重要变量。施恩（Schein）指出，“心理契约”的意思是说，在任一组织中，每一成员与该组织的各种管理者之间及其他人之间，总是有一套非成文的期望在起作用。这些期望微妙而含蓄，它虽然是非正式的，不具有书面的形式，但却具有契约的功能。如果其中一方未能如愿，就意味着相互之间的信任与真诚将被打破，由此会带来员工的流失等一系列严重后果。

“心理契约”是联系员工与组织之间的心理纽带，它会对员工的工作绩效、工作满意度、对组织的情感投入度以及员工的流动率等产生影响。在 20 世纪 90 年代以前，由于组织有一个稳定的、可以预测的环境，组织结构基本稳定，因此这一时期所形成的“心理契约”的主要内容是：员工努力工作并对组织忠诚；组织为员工提供晋升的机会及工作安定性、长久性保证。在这种“心理契约”之下，员工对自己的职业生涯形成了这样的看法：如果他们加入了某个组织后，只要自己有能力并努力工作，对组织忠诚，不在工作中与上司和同事发生冲突，他们就能在组织中想待多久就待多久。组织则认为他们应该对员工的发展负责，承诺无论发生什么，都不会弃员工于不顾，力图通过向员工提供长期和安全的雇佣关系来换取他们对组织的忠诚。

但是在 20 世纪 90 年代以后，职业世界的变化使工作和职业生涯的特性也发生了巨大变化。为了维护组织的灵活性和弹性，雇员必须在组织内部的不同岗位和角色之间转换，以及在不同的组织之间流动，即出现了无边界职业生涯（boundaryless career）现象。无边界职业生涯是超越单个就业环境边界的一系列就业机会，它不但标志着员工的流动跨越了组织、职业、部门等的界限，而且使员工个人的职业生涯从企业内部发展到超越企业的边界，具有了更大的灵活性。

（三）提高性格与职业的匹配度

性格是个人对现实的稳定和习惯化了的行为方式。性格是人在社会活动中通过与环境相互作用而逐步形成的。性格一旦形成就具有一定的稳定性。

职业心理学的研究表明，不同的职业对从业者的性格要求不同。如从事医生职业的人要求乐于助人、耐心正直、责任心强、冷静自信、稳定性好；从事科学研究的人必须敢于怀疑，有批评精神和创新意识；从事教育工作的人必须具有爱心、亲和力、高度的责任感、高尚的职业道德、敬业精神；而自我创业者则应具有敢于冒险、乐观、自信、有雄心、勇于创造等性格。

在日常生活中，人们常常把人的性格分为内向型和外向型，但是纯粹属于内向型或外向型的人并不多，大多属于混合型，只是程度有差异。一般来说，外向型性格的人由于对外界事物的关心，表现为善于表露自己的情感、乐于与人交往等特点，适合从事能充分发挥自己行动能力积极性、与外界有着广泛接触的职业。内向型性格的人比较适合从事有计划的、稳定的、不需要与人有过多交往的职业。

性格对一个人的成功有着很大的影响。一个人如果从事的职业与他的个性相适应，工作起来就会得心应手、心情舒畅，容易取得成功。相反，如果职业与性格不相适应，性格就会阻碍工作的顺利开展。

任何事情都有两面性，谨慎可能使人保守；进取心强的人更容易取得成功，但也可能使人草率行事。一位社会心理学教授告诉他的学生，奋斗通常是指一种强硬的人生态度，主张不屈不挠，能勇往直前。奋斗包含两个层面：积极斗争和消极适应。适应环境本身就是奋斗的组成部分，只有在此基础上开辟战场去对待生活才有胜算的光明。

尽管人的性格是与生俱来、难以改变的，但并不意味着要任其自然，不做为工作而改变的努力。人们应该尽力做到扬长避短，发挥自己的性格优势，避免或减少性格劣势对事业的影响。人的性格千差万别，或热情似火，或沉静内敛，或一丝不苟，或心浮气躁。职业心理学的研究表明，不同的性格适应不同的职业。虽然并非每个人的性格都能完全适合某项职业，但可以根据自己的职业倾向来塑造自己的能力和发展自己的职业性格。对于企业来说，性格合拍能使员工更舒适地工作，可以为企业创造业绩；对于个人来说，性格的外显决定着自己的事业能否顺利。近年来，一些教育学、心理学研究人员根据我国的实际情况，将职业性格分为9种基本类型（表3–1–2）。

表3-1-2 职业性格的9种类型

类型	特征	适合的职业
变化型	在新的和意外的活动或工作情境中感到愉快，喜欢有变化和多样化的工作，善于转移注意力	记者、推销员、演员

续表

类型	特征	适合的职业
重复型	适合连续从事同样的工作，按固定的计划或进度办事，喜欢重复的、有规律的、有标准的工种	纺织工、印刷工、电影放映员
服从型	愿意配合别人或按别人指示办事，而不愿意自己独立做出决策、担负责任	办公室职员、秘书、翻译
独立型	喜欢计划自己的活动和指导别人的活动或对未来的事情做出决定，在独立负责的工作情境中感到愉快	律师、警察、侦查员
协作型	在与人协同工作时感到愉快，善于引导别人，并想得到同事的喜欢	社会工作者、咨询人员
劝服型	通过谈话或写作等使别人同意自己的观点，对别人的反应有较强的判断力，并善于影响别人的态度和观点	辅导员、作家、
机智型	在紧张和危险的情况下能自我控制、沉着应对，发生意外和差错时不慌不忙，能出色地完成任务	驾驶员、飞行员、消防员
自我表现型	喜欢表现自己的爱好和个性，根据自己的感情做出选择，通过自己的工作来表现自己的思想	演员、诗人、音乐家
严谨型	注重工作过程中各个环节、细节的精确性。愿意按一套规划和步骤将工作尽可能做得完美，倾向于严格、努力地工作，以看到自己出色完成工作的效果	会计、出纳员、统计员、校对员

绝大部分职业同时与几种性格类型特点相吻合，而一个人也会同时具有几种职业性格类型的特点。在实际的吻合过程中，应根据个人的性格与职业的要求，具体情况具体处理，不能一概而论。

（四）提高职业成熟度

职业成熟度（vocational maturity）是指人的职业发展是一个终生的过程，并呈现出阶段性特点，在不同的发展阶段存在不同的发展目标和任务，只有完成了该阶段的目标才是职业成熟的表现。职业成熟度越高，代表对职业的规划与执行能力越强，越能够理智地做好职业选择，对自己的事业发展大有裨益。相反，职业成熟度越低，代表对职业的规划与执行能力越弱，在职业选择上没有清晰的目标，不利于事业发展。

职业成熟度不仅与个体心理发展因素有关，也受环境因素制约。由于个体身心发展状态会随着时间的推移进入不同的阶段，个体职业成熟度也会形成不同阶段，不只是身心发展状态，与职业有关的各种环境变化也会对职业成熟度造成影响。不同的阶段都有不同的任务需要个体去完成。笔者对于大学生在职业成熟度方面存在的上述问题，提出了如下建言。

1．更新就业观念，学会自我调适

在严峻的就业形势下，大学生需要有一个基本的自我认知，做好自我定位，实事求是地设置自己的就业目标，摆脱僵化的就业观念。大学生要做好对自己职业生涯的规划，根据个人和社会的实际情况，在选择职业时做好大方向上的选择，并根据职业目标做好计划和培养能力，为自己未来的职业发展铺路。此外，大学生还要磨砺自己的意志、锻炼自己的心态，把在求职过程中遇到的挫折和困难当成自己成长的养分，吸取经验教训，摸索成功的方向。大学生要学会自我调适，保持积极乐观的心态，掌握科学的心理调适方法，不要焦虑地看待就业问题，要沉着冷静地走好每一步。

2．不断增强个人能力，提升竞争意识

招聘单位十分看重大学生的综合能力素质，而不是某一方面的技能特长。因此，大学生在校期间不仅要完成好自己的专业理论知识学习，也要提高自身综合能力。在兼顾学业的情况下，多参加实践活动，积累经验、增长见识，不但有利于了解与职场相关的注意事项，还能在实习时将所学与所用结合起来，加强自己的动手能力和实践能力，在短时间内提高自己的能力和业务水平。大学生应该提升竞争意识，尤其是在当前的就业形势下，更应激发学习动力，在奋斗中实现自己的人生理想与价值。

3．加强就业指导和心理辅导工作

学校应该对大学生提供一定的引导和帮助，对于学生职业成熟度的培养，学校应在学生入学之初就开展就业指导工作，帮助学生做好职业生涯规划，使其对就业方向有一个基本的了解。学校应对大学生做好就业形势的分析和指引，帮助学生确定合理的就业期望，学校也要以必修课、选修课、讲座的形式向学生介绍了解就业信息的渠道、求职的技巧等，为学生提供必要的职业技能培训，以增强学生的求职能力和相关技巧。此外，学校还应加强对学生的心理干预和心理辅导，关心学生的心理健康，纾解学生因就业压力大而产生的心理问题，引导学生总结失败的教训、积累求职的经验，帮助学生重构自信心和振作精神，增强学生的抗挫折能力。学校还要对那些职业成熟度较差或出现严重心理障碍的学生进行必要的指导，以帮助学生克服眼前的难关。

第二节　探索职业世界的环境

一、环境分析的含义

“知己知彼，百战不殆”，每个人都生活在一定的环境中，环境对于一个人的成长和职业发展有着重要的影响，因此在进行职业生涯规划时，在对自我分析之后，就必须对环境做出深入的分析和研究，要分析环境的特点、环境的发展变化、自己与环境的关系、自己在特定环境中的地位、环境对自己提出的要求或挑战以及环境对自己的有利条件和不利条件等。只有对这些环境因素进行了充分的了解，才能做出与环境相适应的职业生涯规划，才能在复杂的环境中趋利避害，使自己的职业生涯规划得以发展与实现。

所谓环境分析实质上就是一个“知彼”的过程，即了解和分析与生涯发展密切相关的周围有关环境，以确定自己是否适应环境、环境的变化状况以及怎样来调整自己以适应组织和社会的需要。环境包括家庭环境、同事的状况、学校环境、职业环境和社会环境等。一般而言，短期的规划比较注重对企业环境的分析，长期的规划要更多地注重对社会环境的分析。环境分析的过程就是认识社会和认识职业的过程。

二、环境信息的收集

（一）收集信息的渠道与途径

1. 通过各种市场收集信息

具体来说，有以下几类市场：①高校毕业生就业部门组织的就业市场；②高校之间联办的就业市场；③分科类的专业就业市场；④教育主管部门组织的大型就业市场；⑤人才中介部门组织的人才市场；⑥网上市场。

2. 收集信息的其他途径

（1）互联网。强大的互联网已经成为大学毕业生主要的求职渠道。截至目前，全国就业网站已逾千家，为求职者提供各类职业信息，方便求职者在网上咨询、投递简历。例如：① 21 世纪人才网；②中国上海人才市场；③人才市场报；④中国人才热线；⑤河北省大学生就业指导中心网站；⑥自媒体；等等。

（2）各种传播媒介。求职单位通过各种传播媒介介绍企业的人才需求、发展目标、发展前景等基本信息，如广播、电视、报纸、杂志、新媒体平台等，在毕业生求职择业的关键时期发布相关招聘信息。各地的人才市场报、晚报等都开办了人才需求信息及招聘广告栏目。毕业生求职者可以通过以上途径了解企业的招聘信息。

（3）社会实践活动。学生通过参与学校组织的实践活动，如暑假实习、寒假实习、毕业实习等，不仅能使自己所学的知识学有所用，拥有一个理论付诸实践的好机会，而且也有利于开阔视野，了解职场规则，增长见识。这也是留意实习单位对人才的需求和招聘目标的好机会。

（4）就业服务机构。特指学校、人事局、劳动保障局等就业服务机构，如高校毕业生就业指导中心、人才市场、人才中介服务机构等。

（5）社会关系。我们来往的亲朋好友遍布在不同领域、不同岗位上，这就自然而然形成了复杂的社会关系网。通过与他们交流，可以了解不同视角的职业信息，正确利用这种社会关系网，有利于毕业生更精准地找到适合自己的工作，并且相对来说信息来源更为可靠，成功率更高。

（二）信息的筛选

1. 可信性筛选

确保信息来源的可靠。要筛选掉不正规、未证实、“听说”来的消息，这类消息难以证实真伪，不能贸然开展下一步计划，以免吃亏上当。只有通过可信性的筛选，我们才能更放心地进行下一步。

2. 有效性筛选

确保信息的有效性。通过有效性筛选，我们能够找到对自己求职有用的信息，根据收集来的招聘信息，按照行业性质、职业性质、工资高低以及对所需人才的要求限定等进行筛选，根据自身情况合理选择适合的工作岗位。这样能大大提高求职过程的效率，帮助求职者顺利走向适合自己的职业岗位。

（三）信息的使用

在使用环境信息时应遵循以下 3 个原则：①扬长避短和学以致用的原则；②讲求实际和实事求是的原则；③先就业后择业的原则。

在使用环境信息时应注意以下 3 个问题：①注意信息的时效性；②注意信息的广泛性；③注意信息的准确性。

三、职业世界的环境分析

环境分析主要包括家庭环境、学校环境、组织环境以及社会环境等内容。

（一）家庭环境

家庭环境分析指的是对家庭软、硬环境的分析。家庭软环境是指笼罩在特定场合的特殊气氛或氛围，它诉诸人的内在情绪和感受，对人起着潜移默化的作用，是家庭生活中人与人之间相互联系时所形成的一种气氛，如家庭结构、教养方式等；家庭硬环境是指特定的物质条件，它是人得以发展的基础条件，如家庭资源、父母文化水平和职业状况等。每个人从出生伊始就受到家庭环境的影响，这种影响往往是多方面的、深远的，能够影响人的一生。

家庭环境对人的心态影响非常大，家庭经济状况、家庭文化、家人期望等都会对个人的职业选择产生影响，进而影响到个人工作和事业的发展。对家庭环境的了解和分析主要包括以下几个方面。

（1）家庭关系。父母关系、父子父女关系、母子母女关系是否和睦？和谐的家庭关系对人们有什么影响？

（2）家庭生活环境。城市还是农村？家庭成员的工作、爱好、性格、价值观等。家庭生活环境对职业选择有什么影响？

（3）家庭经济状况。父母的工作，家庭的收入。家庭经济状况对职业选择有什么影响？

（4）家庭成员的受教育状况。父母的文化程度、兄弟姐妹的受教育情况等，这些对职业选择也产生重要影响。

（5）家庭成员健康状况。在分析家庭环境时，要选择那些对自己的职业选择有重要影响的因素，并主要分析这些因素对自己的性格、价值观、能力等方面的影响，对自己选择职业的影响。

心理学研究表明，早期的生活经历，特别是原生家庭对人的个性、人格、人际关系、情绪管理能力等有深远的影响。人的人格模式、行为模式都刻着原生家庭的烙印。

（二）学校环境

1. 大学与大学生活

“大学之道，在明明德，在亲民，在止于至善”，大学是一种功能独特的文化机构，是与社会的经济和政治机构既相互关联又鼎足而立的传承、研究、融合和创新高深学术的高等学府。它不仅是人类文化发展到一定阶段的产物，还在长期办学实践的基础上，经过历史的积淀、自身的努力和外部环境的影响，逐步形成了一种独特的大学文化。

大学是知识的海洋，这里有浩瀚的图书资料和先进的仪器设备，能使大学生接触广博的知识，培养必要的专业技能，学习为人处世的方法。大学是学生从象牙塔走向社会的最后一站，合理利用大学中的时间，让自己的大学生活变得充实，对将来走向社会有很大的正面效应。

清华大学第一任校长梅贻琦先生曾在演讲中表示，大学之大，非大楼之大，乃大师之大。大学聚集着众多学者和专家，他们精通本专业的基础理论，了解最新的学术成果，具有丰富的科研实践经验，熟悉教育教学的客观规律。在良师的指导下，通过系统的教学活动和严格的科学训练，同学们可以准确地掌握基础知识和专业知识，接近学科前沿，提高专业能力尤其是专业创造能力。同时，通过耳濡目染还能从良师那里学到做人的道理，培养良好的学风，接受人格的熏陶。

大学有浓厚的学习研究和成才的氛围。这里是知识创新、传播和运用的基地，是培养创新精神的摇篮，是接受人文精神和科学精神熏陶的园地。学术风气促进思想交流、陶冶品德操守、建设精神文明，是大学的灵魂之所在。同学们可以在大学里深入学习科学知识，广泛汲取各种新的思想和学术成果，不断提高自身素质，确立正确的世界观、人生观和价值观。

2. 大学生活的变化

（1）学习要求的变化。埃德加·富尔（Edgar Faure）在《学会生活》一书中指出："未来的文盲将不再是不识字的人，而是没有学会学习的人。"

高中学习是被动的，大学学习是主动的。高中学生基本上是围绕老师的安排、在老师的教育下一步步地学习。大学阶段的学习，知识的广度和深度大大增加，专业方向基本确定，学生需要大力发挥学习的主动性、创造性。在大学阶段，要求同学们主动地进行学习，要"读万卷书，行万里路"，把理论与现实相结合，不断地提高自己分析问题和解决问题的能力。没有主动的学习精神，要想在学业上取得好成绩是不可能的。大学主要实行的是学分制，除了公共科目、学科基础课和专业课属于必修课，各专业还开设选修课，同学们可以根据个人兴趣和能力选修相关课程，学生可自由支配的学习时间增多了，极大地增强了学习的主动性。

课堂学习依然是大学生学习的主要途径，但已经不是学习的唯一方式。大学生的学习以自学为主，以课堂为辅。对于大学课程，老师在课堂上大都只讲重点。新生要养成良好的学习习惯，做到提前预习。通过预习，发现课程重点和难点，了解课程的内在联系，掌握听课的主动权。通过大学学习，大学生应该逐步学会不需要老师也能获得知识、更新知识的本领。高校教师的教育方法以引导为主，不再是单向灌输的形式。大学学习充分体现出学生学习的主动性、积极性和自觉性，促使学生不断探索和总结适合自己的有效的学习方法。大学的学习一定要改变往日应试教育的学习方式，课外阅读、同学讨论、参与实践、听各种学术报告和讲座、利用网络等，都是大学生进行学习、获取知识的重要方式。而且这些方式对于锻炼学生的实践能力与社交能力同样是非常重要的，这些所得将会是学生未来走向社会获得职业成功的基础。高中学习主要是知识的接纳，大学学习具有研究与探索的性质。高中的学习主要是围绕高考这根“指挥棒”，因而学习的内容很多都是各种科学文化的基础知识，属于知识点的单方面的传递，大家所要做的仅仅是将老师传授的知识接纳过来，变成自己了解与记忆的知识点的汇集，很少涉及对于所接受知识的质疑或者再研究；而大学的学习具有研究和探索的性质，不仅表现在需要完成学业论文和毕业论文，以及参加学术报告会，还表现在所学课程的内容上。

（2）生活环境的变化。高中生活是以家庭生活为主；大学生活是以集体生活为主。上高中的时候大部分同学住在家里，即使是住校的同学，每个月也能回家，这样会从父母那里得到更多的关爱，生活上的琐事不用太操心，与人的交流沟通能力显得不太重要。进入大学以后，同学们离开父母独立生活，许多同学还远离家乡，衣、食、住、行、学等日常生活都要靠自己安排，一切问题都要依靠自己的力量进行处理。同学们来自五湖四海，兴趣爱好、生活习惯可能存在差异，主动地加强沟通和交流、互相理解和关心成为一种需要。自理能力强的同学会很快适应，应对自如；自理能力弱的同学则可能计划失当，顾此失彼。因此，同学们要尽快适应新的环境，既要学会过集体生活，又要学会独立处理学习生活中遇到的各种实际问题。

（3）社会活动的变化。高中解决的问题是单一的，大学解决的问题是多样的。高中解决的主要问题就是考上理想的大学。在高中阶段，只要学习成绩好、考上大学就算跑到终点，而大学教育要解决的问题具有多样性。迈入大学校园，面临的是一个全新的学习环境，大学的学习已完全不同于中学。大学既要学专业知识，也要学专业外的知识；既要学科学研究方法，也要学实践操作；既要学做事，也要学做人。

进入大学后，党组织、团组织、学生会、班委会等组织活动增多；由志趣爱好相同的同学自愿组织起来的各种学生社团的活动丰富多彩，同学们参加各种社会活动的机会大大增加。因此，同学们可以根据自己的特点和爱好、时间和精力积极参加各种活动，合理安排课余生活，锻炼组织和交往能力。

大学教育要求每位大学生找到自己的职业方向，并据此学好自己的专业知识。大家在填报志愿的时候，初步确定了未来的职业方向，因而在大学阶段首先应该围绕相应的职业方向学习基础课和专业课，培养自己对于专业的热爱，形成对该学科知识的浓厚兴趣。大学里的课程知识是由基础课、专业基础课和专业课组成的，循序渐进，一环扣一环，前面任何一环没有学好都将会影响到后面课程的进行。

（4）评价标准的变化。在高中，学习成绩是评价一个学生的重要标准；在大学，评价标准是多元的。进入大学后，特别是在重点大学，人才济济，高中的学习优势没有了，同学们又在一个新的起跑线竞争。有的在社会工作上特别优秀，有的在文体方面特别优秀，有的动手能力强，有的科研能力强，不能以单一标准来判断孰优孰劣。在激烈的竞争中，同学们原有的优势被弱化，具有的只能是相对优势。

由于评价标准的多元化，大家可以根据自己的优势、专业特点、爱好或者今后期望的职业方向来规划自己的大学学习。一方面，可以合理利用由学生自由支配的时间，在这些独立的学习时间内，阅读各种参考书和文献资料，补充课堂知识；或听自己喜爱的专业选修课或专题课，深化自己的专业知识层次，拓展知识范围；或者参加学校开设的公共选修课，根据自己的兴趣、需要、特长进行选择，丰富自己的多维知识。另一方面，可以借助校园活动、院系活动、暑期实践、企业实习的机会，提高自己对于知识的运用能力并增加对于真实职场的了解与接触，通过实践来更好地指导自己的学习方向和重点。多元化的评价标准可以给大家更多自我选择的空间，不拘泥于成绩的高低，有利于学生多角度地审视自我，促进个性的发展。

3. 学业规划

进入人生的新阶段——大学，首先就要适应大学生活，适应大学的求学节奏。大学不再是规范化、督促型的学习生活，这就对学生养成良好的生活习惯提出了新的要求，毕竟在进入大学之前，学生经历了离开高中的高压的学习环境后放松的几个月，可能再次进入学习生活后还不适应，也许学习上会出现懒散懈怠的状况，这就要求学生必须调整自己的身心，快速进入学习状态，以便更好地适应大学生活。合理安排好学习、休息的时间，当实现正向循环时，一定能更加深刻地体会到大学生活的精彩。

合理利用学校资源。一定要充分利用学校提供的各种资源，如在图书馆里可以阅览群书，扩大自己的知识面，使自己的知识素养大幅提升，培养自己的阅读兴趣和阅读品位。养成的学识涵养是可以从大学带走的财富。大学老师亦师亦友，可以多与老师交流，在学业上遇到困难时老师可以为我们指点迷津。要养成锻炼身体的好习惯，身体健康是实现人生理想的根基，健康是人生最大的资本和最珍贵的财富。另外，学校承办的讲座、社团活动、各专业实验室等，都是提高自己的知识素养、实践能力的资源，可以充分利用起来。

进行广泛的实践活动，培养自己的综合能力。踊跃参加各种社会实践活动、比赛等，不要局限于同龄人，多尝试和各个年龄段、各个阶层的人交流学习。这有助于开阔自己的视野，扩大自己的社交圈子。在学习交流中，增强自己的综合能力，提升素养。面对实践中的挫折，也不要灰心失落，要把它视为一种经历、一种人生的体验，拥有勇于尝试的心，就永远不会被失败定义。全面拓展自己的素质，培养自己思维的深度和广度，培养独立思考的能力，不随波逐流、不人云亦云，守住公德与正义的底线，做一个积极向上的青年。

培养多方面的兴趣，找到自己的发展目标。大学生的业余时间很多，但这并不意味着大学生就可以虚度光阴。大学生应该利用第二课堂，培养自己多方面的兴趣，包括学习兴趣和科研兴趣，通过对兴趣的探索，发现自己的志趣，确定人生的方向。

做好学业规划。大学阶段是一个人成为专门人才、锻炼自身职业化素质的关键阶段，主要的学习活动都是围绕这一特点而展开的。因而需要了解自身的特点与自我期望行业及职位对人才的具体要求，以此为目标规划大学四年的专业学习与实践。每个学期的不同阶段，都要给自己制订一个可行性目标，可以是多个，但不要好高骛远，让自己既生活得快乐，同时也要学有所成。将书本的知识内化成自身的素质，再由内而外，运用所学的科学方法将职业化素质外化为解决问题和处理问题的实践行为，即上升为能力。进入大学后，一旦学习目的明确，就会充足的学习动力，就更能科学有效地规划好大学四年的学习生涯。

4. 学校环境探索

在对学校环境分析时，主要分析学校的地理位置、周边环境、学校特色、专业学习、实践经验、师资力量、硬件设施、软件环境、校风校训、学校的知名度以及影响力、所学专业是不是学校或国内的强项、学校学术氛围是否浓厚，以及展览会、研讨会、学术报告会等活动是否经常举办等。同时，人们要思考：学校为自己的学习提供了哪些有利条件？自己从学校能够获得什么？学校对自己的价值观、人生观、思维方式、性格、知识、能力等方面产生了哪些影响？这些影响又为人们的职业选择提供了哪些有利条件和不利条件？如何去弥补这些不利条件？

（三）组织环境

组织环境分析也就是对目标组织的分析，在对组织进行分析时，必须注意自己的发展要与组织的发展相一致，自己的生涯目标必须与组织的发展目标相吻合，也就是说，人们必须是组织所需要的人，组织也是人们所需要的组织。这是因为个人的发展与组织的发展是分不开的。个人只能在特定的组织内部工作，在特定的组织内发展，只有组织发展，个人才能实现发展。如果不考虑组织的需要，只考虑个人发展，职业生涯规划也就失去了意义，生涯目标也很难实现。

组织分析主要分析目标组织的规模和组织结构；组织发展战略和发展前景；组织的制度；组织人力资源开发与管理状况，如人力资源需求、晋升发展政策、薪资和福利、教育培训、工作设施设备条件和工作环境、组织文化、产品及其市场、员工素质、工作氛围、人际关系状况、招聘条件等因素，在此基础上进行人企匹配分析，即判断自己是否对该组织满意、认同，自己是否符合该组织的要求，有哪些方面适合、哪些方面不适合。

1．组织的发展战略

组织发展战略对于其未来发展的重点、方向以及发展远景做出了明确规定。同样地，未来的人才需求的条件和目标也在发展的重点、发展的方向以及发展的远景里。可以说，组织的未来人才需求就是个人职业生涯发展的目标。因此，在制订职业生涯规划时，要对自己目标组织的发展战略作重点分析。

组织的发展战略对于招聘人才有一系列连锁反应。组织的发展战略决定了组织的关键竞争优势，组织的关键竞争优势决定了组织对未来人才的整体要求，决定了何种人才能够在组织内生存和发展，并且能够反作用于组织的生存和发展。不同的发展战略，自然对人才的能力及类型要求有所不同。例如，成本领先发展战略的组织需要的是高水平的管理人才；差异化发展战略需要拥有较强的创新能力的人才，如开发型人才、经营型人才、策划型人才等。

2. 组织文化

组织文化与生涯目标密切相关。不同的组织文化对人才的要求不同，对人才类型的要求也不同，所以在制订职业生涯规划时要考虑组织文化的因素。

（1）适应性／企业家精神文化。这种类型的组织不只能快速地对环境变化作出反应，而且能积极地创造变化，因此具有这种文化的组织需要的人才应具备“开拓性”“创造性”和“风险行为”的基本素质。如果这些能力要素不是自己的强项，就需要慎重考虑，或采取必要措施提高自己的这些能力。

（2）使命性文化。这种类型的组织通过建立远景和传达一种对组织的期望状态来塑造员工的行为，并将这种“使命感”行为作为人才能力要素之一进行评价和奖励。所以当人们要就职这一类型文化的组织时，必须具备一种“使命感”，要为实现一定的组织目标而努力。

（3）小团体式文化。这种类型的组织强调实现团队绩效的优异和员工的参与和认同。参与和认同会产生一种责任感和所有权，然后对组织产生更强烈的认同感。显然，“认同感”就成为组织所需人才的重要能力要素之一。要在这种组织中工作，制订职业生涯规划时就必须考虑“认同感”这一因素。

（4）官僚制文化。这种类型的组织依赖于高度整合性和高效率而获得成功。“合作性”“服从性”以及“遵循成就”就成为组织所需人才的能力要素构成。

3. 组织的发展阶段

组织所处的发展阶段不同，对人才的需求也是不同的。所以，在制订职业生涯发展规划时一定要考虑这个组织是处在发展阶段、稳定阶段还是衰退阶段。

4. 组织的类别属性

不同的组织类别、不同的组织属性，对员工有不同的要求。比如，对于传统的机械加工组织，生产技术和手段较为规范化和程序化，对人才的需求是以熟练的技术工人为主；而对于一些进行新产品开发的高新技术，则需要进行技术创新的开发人才；中介性贸易公司需要商贸经营人才，店铺经营型公司需要的是销售服务人才；同样地，劳动密集型组织强调员工的体能，资本密集型组织强调员工的技术，而知识密集型组织强调员工的科研开发能力。

5. 组织管理类型

（1）制度型组织。制度型组织强调控制、一致性和确定性。这种组织结构复杂，变革的速度慢。员工职业生涯发展强调在工作中掌握技能和取得进步，强调工作福利和保障。

(2) 创业型组织。创业型组织变化较快，组织结构相对简单，成长速度也快，组织靠成就来吸引人才，员工发展空间大，发展机遇较多，如网络公司、软件公司、信息服务公司等。

(3) 小生意型组织。小生意型组织规模小、变化慢，如特许经营店、“夫妻店”等。在这样的组织中工作，需要制订中长期职业生涯规划。

(4) 灵活型组织。这类组织包括科研院所、咨询公司、技术推广公司等。它们通常采用引进人才和培养人才并重的人才发展战略。往往是以员工的职业生涯规划为手段，培养本组织需要的人才。如果在这样的单位工作，就要充分利用组织开展职业生涯发展规划的机会来发展自己。

6. 管理制度与用人标准

不同的管理制度与用人标准，对个人职业生涯目标有着直接的影响。比如，职务晋升制度如何？绩效考核制度是重绩效还是重关系，是重能力还是重文凭？是鼓励创新还是鼓励按部就班？工资体系是倾向于技术人员还是管理人员、销售人员，或是生产工人？是平均主义，还是按劳分配？了解掌握这些制度特点及用人标准，有利于在制订职业生涯规划时采取相应对策。

7. 本组织的人员现状

人的工作是一个群体性的组织活动，不管所处的单位和部门大与小，都由不同数量、不同年龄、不同专业、不同能力、不同性格的人组成。每个人的发展或多或少都会和其他人产生关系。因此，在制订职业生涯规划时，必须了解本组织人员的情况，主要包括：人员的学历、工作能力、特长、兴趣、年龄、职称、工资绩效、生涯发展状况、人际关系、领导者的能力和抱负等。

（四）社会环境

人是社会性动物，总是处于一定的社会关系之中。无论从事什么样的工作，都受社会环境的影响。所以，职业生涯规划的重要内容之一就包括对社会环境进行一定的了解和分析。对社会环境因素的了解主要包括以下几个方面。

1. 国家的法规政策

主要分析国家的人事政策和劳动政策，指一个国家或地区的人才培养开发政策、人才流动有关规定、经济管理体制等。总的来说，就是就业政策。

2. 国家就业形势

国家就业形势主要包括国家整体就业形势和大学生就业形势两部分内容。

3. 社会变迁

社会变迁会对人的职业生涯发展产生较大的影响，如知识经济和信息化社会的发展。

4. 社会价值观

社会价值观会随着社会的不断发展和进步而发生不同程度的变化，人的需求层次在不断提高，由过去的生理、安全需求，上升为自尊及自我价值实现的需求，从而影响人对社会的认识和对职业的要求。

5. 科学技术的发展

职业生涯规划也受科学技术的发展的影响，因为科技的进步推动着观念转变、思维变革、理论更新、技能补充等，而这些因素又对个人的职业生涯影响深远。此外，随着科技发展，产业结构也在进行适应性调整，这也自然会对职业的模式产生较大的影响。根据相关资料显示，20 世纪，有多达 3 000 个职业随着时间流逝化作历史的尘埃，消失在人类世界中。根据专家推测，在未来，世界将会发生一场全面的“职业变革”。另有专家预测，未来人类的职业可能每 15 年就会面临 20％的替换率的局面。

6. 竞争对手的情况

了解目前我国高校本专业毕业生的情况（人数、素质、就业去向等），如他们的优势和劣势、和他们比自己的优势和劣势表现在什么地方、有什么可以和他们竞争的能力。

7. 经济环境

经济环境对人的职业生涯发展也会产生影响，当经济发展非常景气时，百业兴旺，就业渠道、薪资提升和职业发展的机会就会大增；反之，就会使人的职业发展受阻。对经济环境的了解可以通过以下几个方面获得：①经济改革状况；②经济发展速度；③通货膨胀率；④经济建设状况；⑤国际贸易状况。

第三节 探索职业世界的方法与途径

一、观察分析

通过到工作现场观察，了解工作的性质、工作的内容、工作环境，并可以现场和员工交流。在参观之前，要制订系统的参观计划，不仅要看表面的东西，还要看比较实质的东西，特别是希望了解的。比如，汽车修理用的工具、设备，需要掌握哪些基本的汽车构造常识，工作时间，工作待遇，发展前景等。参观过程中，要对了解的信息进行记录以便分析。通过观察分析可以发现，即使是相似的工作，也可能存在很多差异。比如，社会科学研究、自然科学研究、工程研究和医学研究等，同样是研究工作，但是它们的工作环境、工作内容差异很大。从事社会科学研究的人往往要与各种人交往，对社会现象和人情世故比较关注；而从事自然科学研究的人则对物的兴趣更高，要和实验物品、实验设备、实验数据等打交道。

二、职业人物访谈

可以通过和目标职业的从业人员交谈，从而了解职业背景、职业前景、技能需求、薪资待遇、行业相关知识等。和职业人物交谈的优势在于，可以了解自己想了解的问题，可以尽可能详细地询问相关信息，加深自己对目标职业的理解和认识；同样地，劣势在于，可能会由于访谈对象的差异而出现信息差异的情况，具有一定的主观性。在访谈之前，可以先列出自己想知道的问题。比如，做此工作需要的教育程度，做此工作需要多少年有关的工作经验，工作的任务要求，工作需要哪一方面的才能、创意以及进取精神，收入、福利，职业前景，等等。

三、实习和社会实践

实习和社会实践是通过直接参与工作，比较全面地了解职业的方法。在大学中，学校都会安排实习课程，既包括校内实习，又包括校外实习实训。除此之外，学生还可以利用节假日和寒暑假时间参与各种实习和社会实践，一方面能够获得一定的经济收入，磨炼自己的能力和意志；另一方面，能够熟悉职业，对很好地完成职业任务有更清楚的认识。学生通过参加实习和社会实践，可以切身体会职业的酸甜苦辣，更详细具体地了解职业，对毕业后择业有很大的帮助。同时也可以通过实习与实践活动发现职业要求，从而激发学习专业知识的动力，及时发现自己的不足之处并及时进行弥补。

四、行业展览会和人才交流会

通过行业展览会可以了解相关职业领域的最新产品信息和技术发展状况，以便找准职业学习更前沿的技术和理念。参加人才交流会可以了解职业对人才的专业知识、能力和需求数量的要求。这些情况可以为学生在制订学习计划和职业规划时提供指导。

第四章 大学生职业生涯的决策和行动

职业决策是个人根据各种条件，经过一系列活动后，进行的目标决定，以及为实现目标而制订优选的个人行动方案。职业决策是一个复杂的认知过程，通过此过程，决策者组织有关自我和职业环境的信息，仔细考虑各种可供选择的职业前景，作出职业行为的公开承诺。从这个概念可以看出：职业决策是一个过程，而不单单是一种结果。本章主要从职业生涯决策概述、职业生涯目标的设定与计划实施、职业生涯规划的评估与修订、职业生涯规划的管理与调试四个维度进行详细分析。

第一节 职业生涯决策概述

一、生涯决策的含义

生涯决策，拓展来说就是个人职业生涯目标的规划。职业生涯目标的规划包括短期、中期、长期目标以及人生目标。一般来说，首先要根据个人的专业、性格、气质和价值观以及外部环境确定自己的人生目标和长期目标，然后把它分化成中期目标和短期目标，其设立也要符合个人经历和所处的组织环境。在确定目标以后，要做的就是一步一步朝着目标努力迈进，制订相应的行动计划协助自己，以便更有效率地完成目标。

大学生要做的就是确定自己的人生目标，即将来要从事一份什么样的工作或者职业。不妨去认真观察一些成功人士，看看他们身上的闪光点与共同点，不难发现他们普遍都是在自己最擅长或者是最有兴趣的领域做到发光发亮。

二、生涯决策的任务

人的一生中有很多次比较大的生涯决策任务，包括选择大学和专业、选择行业、选择职业、选择婚姻、选择工作和生活环境、选择工作机会和工作地点、选择职业生涯路径、选择职业生涯目标、选择生活模式等。对于大学生而言，要重点做好自我定位、行业定位、职业定位和地域定位等职业生涯决策。

（一）自我定位决策

自我定位决策就是能客观地做好自我评价，了解自己的优势与劣势、能力与不足，了解自己的性格特点与自我需求。自我定位要实事求是地剖析自己，避免主观臆断，做到理智客观地评估自己的身体素质、性格特征、文化水平、能力特长、兴趣爱好等。也要将自己和身边的同龄人乃至全国出色的同专业同学进行客观比较，理性分析自身在职场竞争中同他人对比的优势与劣势，分析自身的综合素质。看清自己所处的位置，这样既不会盲目自信也不会妄自菲薄。

（二）行业定位决策

行业定位决策，即结合自身实际情况，认真探询行业发展情况、发展前景以及对人才的需求特征。行业定位决策难免会受多种因素影响，如亲朋好友、社会环境、个人理想等。在进行行业定位决策时要尽量避免出现盲听盲从或抗拒择业的情况。在听从他人建议时，自己也要理性地分析、严谨地决断，避免因参考不正确的舆论而做出错误的判断。在做行业定位决策时，要结合个人理想和自身能力以及社会需求，做出理性的决策，不要出现盲目追求热门行业和高薪行业，却忽视了自身是否合适的情况。

（三）职业定位决策

职业的选择受个人喜好、综合素质、自身能力的影响。在进行职业定位时，要在自我评估的基础上，根据自己的性格、兴趣、能力、价值观等，对照相关用人单位的标准、条件、要求，为自己选择合适的岗位，选择有利于自己的潜能发挥和实现人生目标的岗位。

（四）地域定位决策

地域定位决策是指个人在选择工作时对于工作区域的考虑，如西部还是东部、一线城市还是二线城市，这是进行就业地域选择时必须考虑的问题。不同的地域有不同的文化、不同的环境、不同的机会、不同的发展。所以，在进行地域定位时，应该多思考自己的能力、优势究竟在何处能得到较大程度的发挥，自己的发展空间在何地能得到较大程度的拓展，而不能仅仅着眼于大城市和经济发达地区。

三、生涯决策的影响因素

一般认为生涯决策的影响因素有两类：一类为社会学家的观点，他们重视环境对人的生涯决策的影响；另一类为心理学家的观点，他们更强调个体内在的发展对人的生涯决策的影响。大学生在进行生涯决策时，受到很多因素的影响，具体如下。

（一）心理特征

个体心理特征的评估对决策起着定向作用。在具体的职业决策中，心理特征主要表现为决策风格。

（二）专业背景

一般来说，大学生都希望找到专业对口的工作。在进行职业决策时，一般会在专业所对应的职业群中进行选择。所谓职业群体是指某一专业所对应的许多职业领域，如法律专业对应职业群为公务员、律师、教师、研究人员、法律顾问、法制专栏媒体记者等多个职业。

（三）家庭成员

对于大学生而言，家庭成员对职业决策的影响主要来自父母。父母教育方式的不同，导致他们认知世界的方式不同；父母所从事的职业及他们的职业观会对子女产生较大的影响，父母的价值观、态度、行为、人际关系等也会对子女的职业决策产生直接或间接的影响。

（四）朋友、同龄群体

大学生的生涯决策难免会受到朋友和同龄人的职业价值观、职业态度、行为特点等因素的影响，对职业的偏好、选择，从事某一职业的机会和职业变换的可能性都会因周围朋友的看法或建议而改变。

（五）政治、经济、社会发展状况

国家的政治、经济与社会发展状况是职业决策的大背景和大前提，会影响到就业结构的变化，影响到社会的人才需求状况，从而间接地影响到个人职业发展。

四、生涯决策理论

（一）丁克里奇的生涯决策风格理论

决策风格是影响决策效果与决策效率的一个重要因素。丁克里奇（Dinklage）通过访谈研究，将人们做职业生涯决策时所采用的风格归结为 8 类。

1．痛苦挣扎型（agonizing）

痛苦挣扎型又称为烦恼型，这些人会花很多的时间和精力来收集信息，使用信息时又顾虑重重、反复比较、当断不断，迟迟难以做出决定，心境表现常常是拿不定主意。出现这种情况的时候，收集再多的信息进行分析比较也无济于事。需要弄清的是他们被什么情绪和非理性信念困住了，如害怕自己做出错误的决定、追求完美等。

2．冲动型（impulsive）

与“痛苦挣扎型”相反，这些人遇到第一个选择就紧紧抓住不放，不再考虑其他的选择或进一步收集信息。他们的想法是“先决定，以后再考虑”。比如，先找到一份工作做了再说。冲动的决策方式可能是出于对困难的回避，不愿意花时间精力去探索。这种方式的缺点在于风险太大，等看到有更好的选择时会追悔莫及。

3．直觉型（intuitive）

这些人将自己的直觉感受作为决定的基础。他们通常说不出什么理由，仅仅是因为“感觉到是对的”而做决策。直觉在人们对环境情况无法获得充分信息的时候比较有效，但它有可能不符合事实。有时候，人们的判断可能会因自身先入为主的偏见而产生较大的误差。因此，不能仅仅将直觉作为决策的依据。

4. 拖延型（delaying）

这些人习惯将对问题的思考和行动都往后推迟，“过两天再考虑”是他们的口头禅。大学生常见的“我还没有准备好工作，所以打算先考研”的想法就是这种方式的体现。拖延型的人心中暗暗抱有这样的希望：也许事情过几天就自动解决了。然而，问题并不会自动解决，有时候甚至会越拖越严重。如果现在不知道该怎么找工作，那么读完研究生也未必就能知道。

5. 宿命型（fatalistic）

这些人不能自己承担责任，而将命运诉诸外部形势的变化，将决定留给境遇或命运。他们会说“该怎样就怎样吧”或“我这个人永远也不会走运”之类的话。当一个人将自己生活的主导权交给外界环境的时候，这个人就会表现得无力和无助。这样的人容易成为环境的“受害者”，怨天尤人，却没想到自己的处境正是由于放弃了个人对生命的“主权”而造成的。

6. 顺从型（compliant）

这样的人倾向于顺从别人的计划而不是独立地做出决定。他们常说：“只要他们都觉得好，我就觉得好。”比如，很多大学生一窝蜂似的争取出国、进外企、考研、考证、参加各种培训班，只因为“大家都这样做”。从众的人固然在追随群体的过程中获得了一种虚假的安全感，但却忽略了自身的独特性，这导致他们的选择在很大程度上并不适合自己。他们在不必费心思考的同时，也牺牲了对生命可能有的满足感。

7. 瘫痪型（paralytic）

这些人可能在理性上接受了应当自己做决定的观念，接受了做决策的责任，但是过于焦虑而不能对决策做出有建设性的工作，无法开始决策的过程。他们知道自己应该开始了，可在内心深处总笼罩着“一想到这事就害怕”的阴影。事实上，他们无法真正为决策和决策的后果承担责任，而这种害怕承担责任的心理可能又源于他们的家庭在其成长过程中长期的不当养育方式。

8. 计划型（planned）

使用如同标准化决策模型所推荐的理性策略。很显然，这是一种科学的决策风格。

上述 8 种决策风格没有绝对的优劣之分，各有其适用的范围和局限性。例如，直觉型决策反映了决策者能够迅速提取相关信息的能力，或者也可以说他是一个反应快的理性决策者。那种喜欢到处咨询或模仿他人者，有依赖的倾向，但也有可能把个人的认知偏差减小到最小。决策风格既受个性的影响，又受到环境的塑造，并非绝对无法改变。根据对“自己”和“环境”认知的多少，还可以将上述几种决策类型做出划分，如表 4-1-1 所示。

表 4-1-1　决策类型划分

项目		自己	
		未知	已知
环境	未知	困惑和麻木型决策 痛苦挣扎型、拖延型、瘫痪型	直觉型决策 冲动型、直觉型
	已知	依赖型决策 服从型、宿命型	信息型决策 计划型

以上这几种类型的决策模式，根据情境和其后果重要性的不同，会产生相应程度的作用。比如，人们常常用“冲动”的方式决定晚餐点什么菜或买一件新衣服，其后果不会对人们的生活造成太大的影响，甚至可以给自己或他人带来惊喜。但是，这些决策模式用在一些重大的决定当中就不适宜了，往往会导致愧悔、耽搁时间、浪费精力等后果。就像一个人如果没有想好要买什么或不确定购买标准是什么就去逛街，结果往往会后悔：买了一堆自己不需要或不是真正喜欢的衣物。买衣服尚且如此，何况职业选择。如表 4-1-1 所示，这些决策模式都存在着对自己或环境的“未知”因素。在有很多“未知”因素的情况下决策，显然容易因风险过大而导致结果不那么令人满意。

（二）斯科特和布鲁斯的决策风格理论

美国职业生涯专家斯科特（Scott）和布鲁斯（Bruce）认为决策风格是在后天的学习经验中逐渐形成的，并将决策风格划分为 5 种类型：理智型、直觉型、依赖型、回避型和自发型。

1. 理智型

以周全地探求对选择的逻辑性评估为特征。理智型的决策者具备深思熟虑、善于分析、遵循逻辑的特性。这类决策者会评估决策的长期效用并以事实为基础做出决策。理智型决策风格是比较受到推崇的决策方式，强调综合全面地收集信息、理智地思考和冷静地分析判断，是其他决策风格的个体需要培养的一种良好的思考习惯。但理智型的决策风格也并不是理想的、完美的决策方式，即使采用系统的、逻辑的方式，也会出现因为害怕承担决策的后果而不能整合自己和重要他人观点的困扰。

2. 直觉型

以依赖直觉和感觉为特征，比较关注内心的感受。直觉型的决策者以自我判断为导向，在信息有限时能够快速做出决策，在发现错误时能迅速改变决策。由于以个人直觉而不是理性分析为基础，这类决策发生错误的可能性较大，容易造成决策的不确定性，使人们丧失对直觉型决策风格的信心。

3. 依赖型

以寻求他人的指导和建议为特征。依赖型的决策者往往不能承担自己做决策的责任，允许他人参与决策并共同分享决策成果，会受到他人的正面评价，但也可能因为简单地模仿他人的行为而导致负面的反应。依赖型的决策者需要理解生活中重要他人对自己的影响程度。

4. 回避型

以试图回避做出决策为特征。回避型的决策风格是一种拖延、不果断的方式。面对决策问题会产生焦虑的决策者，往往因为害怕做出错误决策以及不能承担做决策的责任，而倾向于不考虑未来的方向，不去做准备，不知道自己的目标，也不思考，更不寻求帮助。这样的决策者更容易受到学校等支持系统的忽略。所以，这些学生需要意识到自身的决策风格及其可能造成的危害，努力调整，增强职业生涯规划的意识和动机，才能从根本上得到帮助。

5. 自发型

以渴望即刻、尽快完成决策为特征。自发型的个体往往不能容忍决策的不确定性以及由此带来的焦虑情绪，是一种具有强烈即时性并对快速做出决策的过程有兴趣的决策风格。自发型决策者常会基于一时的冲动，在缺乏深思熟虑的情况下做出决策，此类决策者通常会给人果断或过于冲动的感觉。

（三）施恩的“职业锚”理论

在职业定位阶段，“职业锚”理论作为指导个人职业发展方向的经典理论之一，是一种行之有效的参考依据。什么是职业锚？正如“职业锚”这一名词中“锚”的含义一样，职业锚实际上就是人们选择和发展自己的职业时所围绕的中心。一个人对自己的天资和能力、动机和需要以及态度和价值观有了清楚的了解之后，就会意识到自己的职业锚到底是什么。具体来说，职业锚是指新员工在早期工作中逐渐对自我加以认识而发展出的更加清晰全面的职业自我观。

从一定意义上说，职业定位就是确定自己的职业锚类型。斯隆管理学院的施恩教授总结出以下 5 种类型的职业锚。

1. 技术／职能能力型

具有技术或功能型职业锚的人往往不愿意选择那些带有一般管理性质的职业。相反，他们总是倾向于选择那些能够保证自己在既定的技术或功能领域中不断发展的职业。侧重于自己正在从事的特定技术内容或职业内容，如工程师。

2. 管理能力型

有些人则表现出成为管理人员的强烈动机，“他们的职业经历使得他们相信自己具备被提升到那些一般管理性职位上所需要的各种必要能力以及相关的价值倾向”。必须承担较大责任的管理职位是这些人的最终目标。当追问他们为什么相信自己具备获得这些职位所必需的技能的时候，许多人回答说，他们之所以认为自己有资格获得管理职位，是因为他们认为自己具备以下 3 个方面的能力：①分断能力（在信息不完全以及不确定的情况下发现问题、分析问题和解决问题的能力）；②人际沟通能力（在各种层次上影响、监督、领导、操纵以及控制他人的能力）；③情感能力（在情感和人际危机面前只会受到激励而不会受其困扰和削弱的能力以及在较大的责任压力下不会变得无所作为的能力）。

3. 安全／稳定型

这一类型的人极为重视长期的职业稳定和工作的保障。他们似乎比较愿意从事这样一类职业：能够提供有保障的工作、体面的收入以及可靠的未来生活。这种“可靠的未来生活”通常是由良好的退休计划和较高的退休金来保证的。

对于那些对地理安全性更感兴趣的人来说，如果追求更为优越的职业，意味着将要在他们的生活中注入一种不稳定或保障较差的地域因素的话——迫使他们举家搬迁到其他城市，那么他们会觉得在一个熟悉的环境中从事一种稳定的、有保障的职业对他们来说是更为重要的。对于另外一些追求安全型职业锚的人来说，安全则是意味着所依托的组织的安全性。他们可能优先选择到政府机关工作，因为政府公务员相对来说是一种稳定性比较高的职业。这些人显然更愿意让他们的雇主来决定他们去从事何种职业。

4. 创造型

在施恩看来，创造型的人都有这样一种需要，即“建立或创设某种完全属于自己的东西——一件署着他们名字的产品或工艺、一家他们自己的公司或一批反映他们成就的个人财富，等等。①”比如，有些学生在毕业之后逐渐成为成功的企业家。

5. 自主／独立型

这种类型的人在选择职业时似乎被一种自己决定自己命运的需要所驱使着，他们希望摆脱那种因在大企业中工作而依赖别人的境况。因为，当一个人在某家大企业中工作的时候，他的晋升、工作调动、薪金等诸多方面都难免要受别人的摆布。这些毕业生中有许多人还有着强烈的技术或功能导向。然而，他们却不是到某一个企业中去追求这种职业导向，而是决定成为一位咨询专家，要么是自己独立工作，要么是作为一个相对较小的企业中的合伙人来工作。具有这种职业锚的人可能成为工商管理方面的教授、自由撰稿人或小型零售公司的所有者等。

第二节　职业目标的设定与计划实施

有自我生涯规划的人会有清晰的发展目标，每个人的人生不仅与收入有关，还与自己的生涯规划发展有关。有目标的人才能抗拒短期的诱惑，有目标的人才会坚定地朝着自己的方向前进，有目标的人才会感觉充实。

① 施恩．职业锚：发现你的真正价值[M]．北森测评网，译．北京：中国财政经济出版社，2004．

一、职业生涯目标的设定

（一）职业生涯目标的确定

通过对自我和生涯机会的评估，认识自己并分析环境，在此基础上对自己的职业做出选择。在选择职业时，要充分考虑到自身的特点（自己的性格、兴趣和特长），还要充分考虑到环境因素对自己的影响。对这些因素的分析，是职业选择的前提条件。分析自我、了解自我，分析环境、了解职业世界，使自己的性格、兴趣、特长与职业吻合。这一点对刚步入社会、初选职业的大学生非常重要。

确定了职业生涯目标后，还需考虑向哪一条路线发展，即考虑自己是走行政管理路线向行政方面发展，还是走专业技术路线向业务方面发展，等等。发展路线不同，对其要求也就不同，这一点也不能忽视。因为即使是同一职业，也有不同的岗位，有的人适合做行政，可以在管理方面大显身手，成为一名卓越的管理人才；有的人适合做研究，可以在某一领域有所突破，成为一名知名的专家学者；有的人适合做经营，可以在商海大战里屡建功勋，成为一名经营人才。如果一个人不具备管理才能，却选择了行政管理路线，这个人就难以成就事业。由此可见，职业生涯路线的选择，也是职业生涯发展能否成功的重要步骤之一。

传统的职业生涯路线规划注重纵向流动，现在要求职业生涯路线规划描述各种流动的可能性，反映工作内容、组织需要的变化，详细说明职业生涯路线的每一职位的学历、工作经历、技能和知识。

很多大学生不知道自己喜欢什么，不喜欢什么；不知道自己想做什么，不想做什么；不知道自己能做什么，不能做什么。目标缺失是人们不可忽视的事实。

有一个明确和适合自己的职业目标对大学生来说很重要。在校学生应该尽早设计自己的职业生涯，明确自己的职业目标，尽可能多地接触和学习职场规则，充分了解自身的性格特点与素质优势，才有可能在将来激烈的就业竞争中把握住机会成功就业。没有正确的方向，再大的本领也是没用的；没有正确的方向，再多的努力也是没有效果的。

（二）确定职业生涯发展目标的方法

职业生涯目标简称职业目标，其确立是生涯规划的起点和核心。在确定职业目标之前，大家首先要明确什么是职业目标。职业目标是在职业上的追求、期望，比如，人力资源总监是一个职业目标，而人力资源方面的工作并不是职业目标，只是一个职业发展方向。

确定职业目标有五种方法，用五个词来归纳就是理论、想象、情境、实践和榜样。

理论方法是指在浏览众多职业后，根据自己的想法树立一个职业目标。一个很简单的操作就是去一些大的招聘网站，看看那里所招聘的职位都有什么，一定要具体了解职位，在查看了职位描述和职位工作内容之后就可以初步确定目标了。此种方式只是在理论上确定了，其树立的目标并不一定是自己想要的，所以还需要进行阅读职位信息、将职位与自身对照等工作。

想象方法是指以自己在生活中对所接触、听闻的职业的不完全了解来确定一个职业目标，虽然具有很大的随意性和局限性，但也是一种确定职业目标的方法。

情景方法是指在参加具体的职业活动、行业活动、社会活动中所形成的职业目标。在现实活动中，人们可能会因为自己的某种启发或感受等，确定一个职业目标。大学生可以多去参加各种活动，以增加见识和阅历，有助于确定职业目标。

实践方法是指自己在实习、实践中真实地体验到职业之后的感想，因为喜欢、有所感悟等来确定一个职业目标。在采用实践的方法来确定职业目标时，切记要实实在在地做事、认认真真地工作。

榜样方法是指在确定职业目标时，可了解一些在该职业上取得成就的人物，通过他们的故事以及成长经历来激励自己，想象未来的自己在所从事的职业方面会取得同他们一样的成就，甚至超越他们。

（三）职业生涯规划的重点内容

斯温（Swain）认为，一个规范的职业生涯规划应该包括三个重点，分别为个人特质的澄清与了解、教育与职业资料的提供和个人与环境关系的协调。这三个方面在生涯规划中同等重要。

个人特质的澄清与了解，涉及个人的需要、兴趣、能力倾向以及价值观念等。了解自己，是职业选择或生涯规划的最基本要求。个人特质可以通过对生涯的探索活动、自我评定或心理测验等进行了解。“人贵有自知之明”，这实际上说明了自我认识的重要性。这种“自知之明”实际上就是自我剖析，又叫“自我评估”，就是通过准确、客观地分析自己的兴趣、性格、需求、特长、技能、学识、情商、智商、行动、经历、社会关系等个人的各方面特点，对自己有一个客观、全面、深入的认识和了解。一般来说，这是准确选择职业目标的基础，在个人职业生涯规划中起着基础性的核心作用。大学生职业生涯规划只有建立在客观、全面、深入的自我剖析，对自己的科学鉴定和综合分析的基础上，才具有可行性、针对性和持续性，才能帮助大学生更好地选择职业目标和道路，更有效地达到职业目标。

教育与职业资料的提供，是整个生涯目标决定过程中不可或缺的部分。缺乏对职业世界的了解而想做好职业选择，是不切实际的。个人的职业认定常受到原有印象的影响，如性别、学历等，有的职业或专业的名称也许只是一字之差，但其内容、性质和发展却相差很多，因而正确资料的提供，是职业目标决定的重要依据。

个人与环境关系的协调。影响职业规划的环境因素大多是社会文化与机会因素。这些因素通常是个人无法掌握或控制的，如他人的重要意见、社会重大事件的影响，或经济是否景气等。既然不可能做到改变环境来适应人的需求，那么就要求人具备良好的环境适应能力，主动协调与环境的关系，使其保持和谐一致。

（四）制订实现职业生涯目标的策略

职业生涯策略是指实践职业生涯路线、实现职业目标所采取的各种方法、措施和行动步骤等，是个人职业发展的重要环节之一。制订职业生涯策略就是要考虑和确定个人该如何做，如何做得更好，如何以恰当的方式方法有效地发展职业生涯，从而实现职业目标的过程。具体、明确、可行的职业生涯策略是实现职业目标的重要保证。

由于职业目标的设定指的是个体形成长、短期职业目标的过程，需要通过对个人特征的分析和内外环境的分析，一方面认识自己，另一方面了解内外环境中的职业发展机会，从而根据自身的特点和环境条件为自己选择职业目标。

通常可将职业目标分为短期目标、中期目标、长期目标。短期目标又分为日目标、周目标、月目标、年目标。短期目标一般为1～3年，中期目标一般为3～5年，长期目标一般为5～10年。

确定职业目标应从一生的发展着手，然后分别确定十年、五年、三年、一年目标，再确定一个月、一周、一日的目标。

在确定了职业目标后，行动便成了关键的环节。没有行动，就不能达到目标，也就谈不上事业成功。这里所说的行动，是指落实目标的具体措施，主要包括工作、训练、教育、构建人际关系网、谋求晋升等方面的措施。比如，为达到目标，在工作方面，提高自己的工作效率；在业务素质方面，提高自己的业务能力；在潜能开发方面，采取措施开发自己的潜能等。这些都要有具体的计划与明确的措施，并且这些计划要尽量量化，以便于自己定时检查。

二、职业生涯规划的实施

（一）职业生涯目标的分解

对职业生涯目标进行分解可以分别按性质分解和按时间分解。下面对这两种方式分别进行介绍。

1．外职业生涯目标和内职业生涯目标

按照目标的性质分解，可分为外职业生涯目标和内职业生涯目标。

外职业生涯目标：工作单位、工作职务、工作内容、工作环境、工作地点、收入、福利待遇、声望、职位等。内职业生涯目标：观念改善、掌握新知识、提高心理素质和工作能力、工作成果、处理与他人的关系等。

2．短期目标、中期目标和长期目标

按照目标的时间分解，可分为短期目标、中期目标、长期目标、人生目标。将一个大目标科学地分解为若干个小目标，落实到具体的每天、每周的任务上，是实现目标的较好方法。

（1）短期目标。短期目标通常是指时间在一至两年的目标，是对中期目标和长期目标的具体化、现实化和可操作化。如对专业知识的学习、两年内要掌握哪些业务知识等。通常又可将短期目标分解为很多小目标，如一个月甚至一周的目标。

短期目标的特征：①目标具备可操作性；②目标可能是自己选择的，也可能是企业或上级安排的；③未必由自己的价值观决定，但是可以接受；④目标切合实际；⑤具备可操作性；⑥明确具体的完成时间；⑦对实现目标有把握；⑧需要适应环境；⑨现实眼光；⑩服从于中期目标，朝向长期目标，以“迂”为直；接受已经发生的事实。

（2）中期目标。中期目标一般为三到五年，它比长期目标要具体一些，如规划到不同业务部门当经理、规划从大型公司部门经理到小公司做总经理等。

中期目标具有以下特征：①结合自己的志愿和所在单位的环境及要求制订目标；②基本符合自己的价值观，对该目标充满信心，且愿意公之于众；③目标切合实际并有所创新；④能用明确的语言定量说明；⑤对目标的实现可能性做过评估；⑥可以利用环境；⑦全局眼光；⑧通常与长期目标一致；⑨改变有可能改变的事情；⑩有比较明确的时间，且可作适当的调整。

（3）长期目标。长期目标是时间为五年以上的目标，它通常比较粗略、不具体，可能随着形势的变化而变化，在设计时以画轮廓为主。如规划30岁时成为一家中型公司的部门经理、规划40岁时成为一家大型公司的副总经理等。

长期目标的特征：①目标是自己认真选择的，和社会发展需求相结合；②非常符合自己的价值观，为自己的选择感到骄傲；③有实现的可能，并有挑战性；④能用明确语言定性说明；⑤没有明确规定实现时间，在一定时间范围内实现即可；⑥对实现充满渴望；⑦立志改造环境；⑧长期眼光。

（4）人生目标。人生目标是指整个人生的发展目标，时间长至40年左右。一般来说，短期目标服从于中期目标，中期目标服从于长期目标，长期目标又服从于人生目标。通常是从具体的、短期的目标开始实施人生目标。

人生目标的特征：①毕生的追求；②引领性和导向性；③没有明确规定实现时间；④具有挑战性；⑤非常符合自己的价值观；⑥目标始终如一，长期坚持不懈；⑦创造美好未来。

（二）职业生涯各阶段目标的组合

职业生涯目标的分解的最终目的是实现目标的有效组合，如果只看到目标之间的排斥性，就只能在不同目标之间做出排他性选择；而如果能看到目标之间的因果关系与互补性，就能够积极进行不同目标的组合。目标组合是处理不同目标相互关系的有效方法，可以分为时间组合、功能组合和全方位组合3种不同的组合方式。

1．时间组合

职业生涯目标在时间上的组合可以分为并进和连续两种情况。

（1）并进。所谓职业生涯目标的并进，指同时着手实现两个平行的工作目标或建立和实现与目前工作内容不相关的预备职业生涯目标。有时候，外部环境给予的机会很多，这让人们面临多个选择，于是会出现两个或多个不同方向的职业生涯目标。只要处理得好，在一定时期内，是可以做到鱼与熊掌兼得的。当然，前提条件是有足够的精力和能力来应对。对于普通年轻人，仍然建议在一段时间内只定一个大目标。

这里所说的“同时着手实现两个平行的工作目标”，指的是短期内进行的不同性质的工作，一般多为中、高级管理层“双肩挑”的情况。而建立和实现与目前工作内容不相关的预备职业生涯目标，多发生在中、青年人身上，意在居安思危、未雨绸缪。例如，学校团支部书记为了今后获得更大的发展空间，在做好本职工作的同时，进修 MBA 课程。并进有利于激发潜能，在同样的时间内迎接更大的挑战，发挥更大的价值。

（2）连续。连续是指用时间坐标做节点，将各个目标前后连接起来，实现一个目标再进行下一个。一般来说，较短期目标是实现较长期目标的支持条件。目标的期限性是相对的，随着时间的推移，长期目标成为中期目标，中期目标成为短期目标，短期目标成为近期目标。只有完成好每一个近期目标和短期目标，才有可能实现最终目标。

职业生涯目标分为最终目标和阶段目标（长期目标、中期目标、短期目标、近期目标），各个阶段目标的设定大体与最终目标一致并互相关联。这里应该明确，阶段目标是在一段特定的时间内要达到的结果。如果将职业生涯的阶段目标转变为职业生涯最终目标，只需将各个阶段的目标连接起来，加上一个时间表，再加上一个衡量目标达成结果的评估方式。

2. 功能组合

很多职业生涯目标在功能上可以存在因果关系或互补作用，所以功能上的组合可以分为因果关系和互补作用两种方式。

（1）因果关系。有些目标之间存在着明显的因果关系，在通常情况下，内职业生涯是原因，外职业生涯是结果。如工作能力目标与职务目标、收入目标，能力目标实现（原因）将有利于职务目标的实现（结果）；职务目标的实现（原因）会带来经济收入目标的实现（结果）。所以前者是因，后者为果，表现为：工作能力提高—职务提升—收入增加。

（2）互补作用。例如，一个管理人员希望在成为一个优秀的部门经理的同时得到MBA证书，这两个目标之间存在着直接的互补作用。实际管理工作为MBA学习提供了实践的经验体会，而MBA学习又为实际的工作提供了理论支持和方法指导。同样地，高校教师往往同时肩负着基础教学和科研两项任务，教学基础为进行科研工作提供了理论基础和方法指导，科研实践又促进了教学内容的丰富更新和质量的提高。

3. 全方位组合

全方位组合已超越了职业的范畴，它涵盖了人生的全部活动。全方位组合指职业生涯、家庭和个人事务的均衡发展、相互促进。事业不是生活的全部，任何一个人都不能离开家庭和休闲娱乐，完美的职业生涯规划不应把生活中的其他内容排斥在外。全方位组合可以超越狭隘的职业生涯范围，将全部的人生活动联系协调起来。

（三）制订详细的实施计划和措施

1. 计划与措施的主要内容

（1）具体计划。职业生涯发展是一步一步走过来的，生涯目标实现是一点一点积累起来的。如果没有具体的行动计划，没有逐步的积累，生涯之路就无法走通，目标也就不可能实现。所以，需要制订出详细的工作、学习计划。每年学什么，要列出具体的科目。每年干什么，要列出具体项目。只有计划具体，职业生涯目标才有可能实现。

（2）具体措施。制订了具体计划之后，要对每项计划制订出具体的实施措施，并且要保证措施切实可行。如果没有具体的措施或者措施不可行，计划就不能实现。例如，一个人的第一项计划是学习MBA，具体措施是脱产学习。此时就要考虑措施的可行性，所在单位是否同意其占用工作时间学习。如果单位不允许在工作时间学习，这项计划就会落空。所以，每项计划都要有具体措施，并且切实可行。

（3）起止时间。对每项计划制订出切实可行的具体措施之后，还要明确每项计划的起止时间，即什么时间开始、什么时间结束，以约束自己按照计划实施。否则，计划也会落空。

(4) 考核目标。在明确了具体计划、具体措施、起止时间后，考核指标也要明确。即在计划执行的每一个阶段，用什么指标来检查或衡量计划是否已经完成。如果没有衡量指标，很容易降低标准、拖延时间，就会影响到生涯目标的实现。

2. 制订计划和措施的方法

制订职业生涯规划的具体实施计划的要素主要包括时间、地点、参与人、资源、活动过程等。所以一般采用“5W1H”的方法。“5W1H”即“Why”“Who”“When”“Where”“What”和“How”。

“Why”回答的是方向问题，即目的是什么、朝什么方向或目标努力。

“Who”涉及的是活动者，可以包括自己，也可以包括活动方案所涉及的其他人。

“When”就是指时间，可以是某个明确的时刻，也可以是一段时间，是一段时间的必须明确其起止日期。

“Where”就是地点，一项活动计划可能会发生在多个地点，也会包括很多与场景有关的活动。

“What”讲的是计划的过程步骤，落实到具体的活动中表现为各个活动计划环节的流程安排，即先做什么、再做什么。

“How”即如何做，包括采用的工具、手段和相关的活动策略。

3. 制订计划和措施的步骤

制订详细的职业生涯规划实施计划，分为三个步骤：第一，了解自己在观念、知识、心理素质与能力方面与目标要求的差距；第二，根据差距使用教育培训、讨论交流、实践操作的方法；第三，确定实施步骤和完成时间。

(1) 寻找与目标之间的差距。主要寻找以下几个方面的差距：①思想观念上的差距；②知识上的差距；③心理素质的差距；④能力的差距。

(2) 确定采取什么具体措施弥补差距。具体措施即如何去做，包括采取何种工具、运用何种手段、制订和实施怎样的活动策略等。

(3) 确定具体的实施步骤和时间。首先要根据职业生涯发展阶段理论，将自己未来的职业生涯划分为不同的阶段。可以根据舒伯 (Super) 的阶段理论划分，也可以根据其他专家学者的阶段理论进行划分，还可以简单地把自己的生涯阶段划分为长期、中期和短期。只要自己认为合理，而且具有可操作性就可以了。划分好阶段之后，就可以按照阶段制订详细的实施计划了。

职业生涯规划实施计划，应从一生的发展写起，在一生总体规划的基础上，再分别定出十年、五年、三年、一年计划，以及一月、一周、一日计划。计划定好后，再从一日、一周、一月计划实行下去，直至实现一年目标、三年目标、五年目标、十年目标。

制订未来发展目标。首先要清楚自己一生奋斗的总目标以及分目标，即想干什么、想成为什么样的人、想做什么事、想取得什么成就、想发挥自己哪一方面的优势与特长、想成为哪一行业或专业的佼佼者，把这些问题确定后，人生目标也就确定了。比如，要成为一名大型企业的董事长，这是总目标。分目标可以包括：拥有多少资产、规模有多大、享有怎样的社会地位、家庭达到什么状况、最后的学历是什么。

制订 10 年或 20 年的计划。这是一项长期计划，因为对于一个人而言，10 年或 20 年的时间足以做出一定的事业，在事业上可以有所成就、有所突破。对于这一计划，可以粗略地制订，即制订出发展目标和重要事件即可。比如，今后 10 年或 20 年，希望自己成为什么样子，有什么样的事业，要过上什么样的生活，家庭状况如何，健康状况如何，将获得怎样的社会地位，等等。

（四）职业生涯各阶段的规划重点

1. 大学阶段的职业生涯

在人生的道路上，大学阶段处在一个多岔路口，走哪一条路，向哪一个方向走，在很大程度上决定了一个人事业的成败。大学阶段职业生涯规划的重点有以下 4 个方面。

（1）评估自己所学专业，明确自己的职业定位。一般来说，在校大学生的专业已经确定，但是在报考选择这个专业时，不少人对本专业了解很少，所以需要重点评估自己所学专业。评估内容包括 3 个方面：①自己是否对所学专业感兴趣；②自己的性格是否适合所学专业；③自己的特长是否适合所学专业。

通过上述 3 个方面的评估，就可以知道自己所学专业是否适合自己。如果所学专业在 3 个方面都适合，所学专业就比较理想。如果有一个方面不适合自己，那么所学专业或多或少会对未来发展产生负面影响。性格与所学专业不吻合，将来从事这个专业的工作，就有可能产生不适应的情况；兴趣与所学专业不吻合，将来从事这个专业的工作，工作绩效有可能不突出；特长与所学专业不吻合，将来从事这个专业的工作，个人的特质得不到发挥，难以成为优秀人才。如果3个方面都与所学专业不吻合，那么该怎么办呢？唯一的办法就是在校期间要想尽一切办法进行弥补和纠正。可以选择调整专业，也可以通过学习第二专业或通过选修课来弥补。同时对于自己的本专业，虽然不适合自己，但既然学了就要学好，多一门知识总比少一门好，就知识面而言，还是越宽越好。千万不能持消极态度，得过且过，只等毕业。

（2）做好就业准备，为职业生涯发展创造条件。这是在大学期间的一项重要任务。现在的用人单位对人才的衡量标准是“以能力论英雄，以绩效论成败”，看重的是实际能力。所以在大学期间，一方面要学好专业知识，另一方面还要拓宽自己的知识面，提升自己的综合素质，全面增强自己的工作技能。

（3）锁定目标单位，实现自己的就业目标。选好了专业，做好了就业准备，就可以选择自己的目标单位了。应该选择怎样的单位？是选择机关，还是事业单位？是选择大企业，还是小企业？是选择大城市，还是小城市？这些都是人生道路上的重要选择。怎样才能做出正确选择呢？其要点有以下几点。

①根据自己的特点选择目标单位。目标单位的选择，首要依据是自己的特点。不同的单位有不同的工作性质，适合不同的人来做。单位无所谓好与坏，只有自己适合的才是最好的，自己适合到什么样的单位工作，就选择什么单位。不要看单位的大小，不要看短期收入的高低。只有这样，自己的能力才能得到有效发挥，才能实现自己的价值。

②了解目标单位的特点。对于初步选择的目标单位，虽然在工作性质上适合自己，但这也仅仅是一个方面，还需要对其特点进行分析。分析其组织文化、制度、发展战略等，这些因素对一个人的职业生涯发展有着直接影响。

（4）了解竞争对手。有些时候，一些理想的单位不只有一个人报名，甚至一个岗位就有成百上千人报名。那么，对于竞争对手的优势、自己的竞争优势要做到心中有数。如果没有足够的把握，或者自己没有明显的优势，最好不要凑这个热闹，要避开拥挤的单位或职业。据调查，在美国，谋生的方法共有两万种以上，而在一所学校，毕业的学生只选择了五种职业——两万种职业中的五项。难怪有些单位和职业会人满为患。

（5）认定就业目标单位，不轻易放弃。通过对自己的特点和目标就业单位特点的全面分析，对未来就业单位一旦认定，就抓住不放，不达到目标决不罢休，不要轻言放弃，只要努力去做，目标就有可能实现。

2．大学毕业后的职业生涯规划

这段时间是大学毕业走向工作岗位的前五年。这个时期大学生的特点是：从学校走向了社会，由学生变成了员工，身份发生了变化。这一变化往往有一个适应的过程，因为工作单位毕竟不是学校，其管理方式、生活环境、人际关系、领导方式都不同于学校，甚至和自己在学校想象的状态完全不同。这对于一个刚步入社会的人来说，总会有些不适应，所以这一阶段的职业生涯规划要做到如下几点。

（1）职业评估与调整。在参加工作前，虽然按照职业生涯规划的方法，对职业的选择做过认真的分析和深入思考，甚至咨询过职业生涯规划专家，但仍然可能存在职业选择定位错误的问题。只有到工作单位通过实际工作亲身经历后，才会发现自己选择的职业正确与否。通过评估，对自己初选的职业进行调整，如果所选职业适合自己，就可以沿着自己的预定路线发展下去。如果不适合自己，也不要轻易地调动单位，要分析一下是所在的岗位不适合自己，还是这个单位不适合自己。如果是岗位不适合，可以调整岗位；如果是单位不适合自己，可以考虑调换单位。

（2）职业生涯目标探索与定位。一般应该在30岁左右将生涯目标确定下来。孔子曰“三十而立”，人到了30岁也该确立自己的目标和自己的发展方向了。所以，在制订这一阶段的生涯发展规划时，要考虑到终身目标的确立。

（3）做好学习规划，为未来发展奠定基础。日本科学家研究发现，人一生工作所需的知识90％是工作之后学习得来的，也就是说在学校学习的知识只占10％。这个数据足以说明参加工作后学习的重要性。而30岁之前是人生发展的起始阶段，所以这一阶段的学习对今后的发展是至关重要的，并且人生有三次终止学习的时候，都发生在这个年龄阶段。第一次是学校毕业，第二次是参加工作，第三次是结婚。所以，能否坚持学习，对一个人未来的发展有极其重要的作用和影响。因此，在制订该阶段的职业生涯发展规划时一定要将学习计划、培训计划考虑进去。

（4）熟悉组织有关情况，尽快进入工作角色。新到一个单位后，一旦明确自己的工作岗位，应尽快了解自己岗位的工作职责、工作责任、工作权限、工作标准、工作流程等，这是基本要求，只有了解这些情况，自己才能较快进入工作角色，否则就会感到无所适从。此外，还要了解组织文化、规章制度、有关政策等，使自己尽快成为组织中的一员。

（5）适应组织环境，处理好人际关系。一个刚刚结束了学校生活的新员工，进入岗位后，要尽快完成由学生到员工的角色转变。特别是要学会接受各种类型的主管领导。现实中，领导者的素质、能力、性格、人品差异很大，有的严厉苛刻，有的宽容大度；有的婆婆妈妈，有的独断专行；有的软弱无能，有的精明强干；有的开朗随和，有的内秀拘谨；有的是强制硬性管理，有的是人性化管理；等等。对于不同类型的领导，要针对其性格特点，设法与其融洽相处。在处理上下级关系时，还必须把握好依赖性和独立性之间的关系。刚刚进入组织的新员工，要有虚心好学的态度，遇到困难和问题时多向领导和老员工请教。但同时还要有独立性，即积极热情、认真负责地开展工作，发挥自己的能动作用，主动解决工作中面临的问题，以展示出自己的实力和对主管领导工作的支持。

（6）从小事做起，树立良好形象。这一阶段是大学生步入职业世界的第一阶段。在这一阶段表现如何，对一个人未来的发展影响极大。因为有一个先入为主的问题，如果开始就给人一种不好的印象，以后再想扭转过来，就必须付出加倍的努力。所以这一阶段需要从小事做起，不断磨炼自己，积累经验。

第三节　职业生涯规划的评估和修订

一、生涯规划的评估与修订的目的

在职业生涯规划过程中，最后一个步骤是信息反馈。因为现实社会中存在很多的不确定性，可能会导致个体偏离原先制订的职业生涯目标，这就需要人们进行自我反思，调整自己计划的目标和行动计划，以确保人生理想的最终实现。从这一角度来看，反馈调整是一个再认识与再发现的过程，这就要求人们时刻关注内部环境与外部环境的变化，持续地对自我进行审视，并对自我进行调整，持续地对策略和目标进行调整与修正，这个过程就是反馈，它能够保证个人生涯规划的有效性。

我们在得到了反馈信息之后，应该根据评估的结果来修订目标以及策略方案。具体的修订内容有：一是职业的重新选择，二是选择职业生涯路线，三是修正阶段目标，四是实施措施与变更行动计划等。在这个时期，应该做到慎重考虑、当机立断。所谓的谨慎判断主要指的是不管有多大的变化，都应该在对事情的前因后果明确之后再进行正确的判断与选择，对自己的生涯规划进行重新修订与设计，以此来保证之后的职业生涯的顺利和健康发展。果断行动指的是要在做出判断之后立刻采取行动，对自己的生涯设计进行重新调整，这样才能确保自己的职业生涯健康、顺利地发展，并最终达成人生的职业理想。

借助反馈评估与修正，可达成下列目标。

（1）对自身强项有绝对的信心（我有自知之明，明白自身的强项）。

（2）明确自己的发展机遇（明白自己哪些方面需要提高）。

（3）识别可改善的关键环节。

（4）针对需要改善的方面，制订一份具体的行动改变计划。

（5）对提出意见与反馈的人作出合适的回应与反馈，表达感激之情。

（6）实施行动计划后，应该可以取得显著的进步和成就。

二、生涯规划的评估与调整的步骤

我们结合自己的实际情况，详尽、具体地为自己制订一份职业生涯规划，这是可行的。然而，因为社会环境、家庭环境、就业环境、个人成长曲线等并非是静态的，而是不断发展变化的，再加上各种不可预测的因素，人们的职业生涯发展通常并不是一帆风顺的。因此，在实际操作中，要对自己的计划进行定期的评估，并及时作出相应的调整以应对不可预测的情况。

（一）对职业生涯规划中可能出现的变化进行预测

比如：想要考研，可能不能如愿以偿地考取研究生，那么应该怎么做？可以继续学习公务员考试的有关知识，争取考上公务员，进入机关工作；也可以立马投入就业的大军中，开始求职，以大学期间所学习的专业知识为基础，依托于实习中所积累的工作经验，找到一家具有广阔的发展前景、良好的企业文化、积极的工作氛围的公司，在工作实践中不断积累工作经验，不断提升专业技能，做到不断进步，并最终实现自己的目标。又比如，不一定能成功签到理想中的公司，那就只能另寻他法了。要根据自己的实际情况，认真做好自己的工作，在工作经历和经验的基础上，对自己的专业能力进行全方位的提升，为最终达到自己的职业目标打下良好的基础。

（二）制订出职业规划备选方案

制订职业规划备选方案也就是根据对内外部环境变化以及职业生涯规划方案实施情况的预测，制订出另外的职业生涯发展路线，以应对未来可能出现的各种变化。

三、职业规划调整的原则和方法

在对职业规划进行调整时，应遵循三个基本原则。

第一，适应性原则，主要指的是在制订职业规划的时候应该与自身的实际情况相吻合，立足于客观环境，让职业规划具备可操作性。

第二，实用性原则，在调整职业生涯规划的时候应该尽可能制订出具体的、详细的行动方案，以此来保证职业生涯规划的顺利实施与实现。

第三，及时性原则，环境以及自身条件都是在不断变化和发展的，因此应该对职业规划进行及时的、适时的调整，对实施计划进行修订，以此来保证职业生涯规划具备时效性。在进行评估调整的时候，可以分为四种情况：一是短期的调整，对每个月完成的情况进行审视；二是中期调整，主要是对计划的完成情况进行每三个月一次的审视；三是中长期调整，主要是对计划的完成情况进行每六个月一次的审视；四是长期调整，主要是对计划的完成情况进行每十二个月一次的审视。

我们可以运用滚动计划法调整职业生涯规划的实施情况，也就是说，对近期的计划进行详细的、具体的制订，对远期的计划进行粗略的、笼统的制订，伴随着时间的推移，职业规划也在逐渐滚动前进。首先，应该将重点放在对易掌握的、可预见的短期计划进行制订与实施；其次，在短期计划实现之后，就需要制订一些较为详细的具体的行动计划，也就将中长期计划转变为中期计划，以此为基础，完成长期计划的制订；之后，在规划评估的基础上，对计划的完成情况进行及时的审视，查漏补缺，进行调整，并对新的能力进行学习，对职业生涯规划方案中的不足与缺陷进行修订与优化，最终达到职业目标。

第四节　职业生涯规划的管理和调试

一、管理好自身除个性以外的资源

（1）学校、专业、求学地区。对于大学生特别是大一新生来说，学校、专业、求学地区代表着很多东西。因为生涯成熟度的关系，大多数同学选择的学校与专业、求学地区并非都是本人的直接选择。而大一学生也往往或清晰或朦胧地认识到这些和未来的职业方向、地域等有着密切的联系，因此如何正确对待这些问题对他们来说是很重要的。

未来的就业方向会因为不同的学校、不同的专业、不同的学习地点而有所不同，就业的机会也是各不相同的。在当下，很多高校之间对换学校以及换专业有所限制，学生基本会留在原本的学校，学习原本的专业。因此，不同学校和专业的学生在制订生涯目标计划方面存在差异性。例如，目标计划会因为学校开设的课程产生偏差。如果学校开设更具理性和可操作性的课程，可以更好地引导学生进行更早的、更为理性的职业生涯规划；如果学校开设一些感性的、相对基础的、缺少实践操作的课程，则很有可能会让学生更倾向于把注意力集中在当前面临的感悟上，而忽视了对未来的规划。目标计划和人际关系也会深受学校所在城市的影响。不同的城市之间有着不同的就业氛围，有一些城市非常容易找到工作，有的就非常困难，有的城市的工作相对来说比较理想，符合预期目标，有的城市的工作相对来说不尽如人意。这种差异也可能与学校的校园风气有关，一些学校强调学生要“踏踏实实，埋头苦干”，有的学校秉承“积累人际资源”的教育原则。另外，需要特别指出的是，大学排行榜对于学生生涯规划的影响也比较大。此外，教师资源、硬件设施、学生素质、职业规划辅导等方面的差别，也会对学生的职业生涯规划产生较大影响。

总的来说，大学生要做到踏实努力，认真学好专业。要认识到自己专业学习的质量才是个人真正的职业竞争力的源泉，“寒门”也能出“高士”，将学校、专业、地域等的“比较”置于理性的基础上：认识到生涯规划的多维度，不把学校、专业、地域等作为唯一的指标，应该立足于长远发展，尽快、尽早进行能力、知识上短板的弥补和针对性的训练；将自己的生涯目标合理化，不进行盲目的攀比，在个人素质特别是心理层面上要下大力气提升，以争得“相对优势”，赢得胜利。

（2）性别与“身份”。在就业的性别上，确实在很大程度上能反映出目前我国在就业问题上存在的性别差异。实际上，性别对每个人的生活都有重要的影响，舒伯指出，性别是职业生涯成熟的重要决定因素。有学者研究表明，以中学生为对象直到大学阶段，男性生涯成熟度优于女性。在日常生活中，性别与生涯规划中的目标计划有着很紧密的联系。一般认为，男性在这方面比较擅长，这可能说明男性更能主动地设立目标并考虑制订计划。

针对这种情况，在管理自身的生涯规划时，要正确认识性别的意义以及差异。特别要做到：认识性别差异，对于目前存在的“男女有别”的现象要有理性的认识，不能一概摒弃；发挥性别优势，寻找与自身性别耦合度比较高的职业种类并早做规划和训练；克服封建思想，真正建立男女平等的思想，对于“男外女内”甚至“男尊女卑”的封建思想要坚决摒弃。

另外，大一学生因为年龄和成长经历的关系，对于“身份”问题也是非常关注的。通常而言，想要在学校中得到锻炼，成为学生干部或许是最好的方式。学生干部的身份，可能更受到雇主的青睐，主要原因在于，相对于普通的大学生，学生干部的人际交往能力相对较高，不仅如此，学生干部可能在人际关系、自我认识、自我提升、职业探索、目标计划、反馈修正等方面更加注意与重视。但在现实生活中，有可能是由于学生干部有更多的实习机会和更多的锻炼机会，所以有的时候，他们对自己的职业生涯规划不足，没有形成科学的、合理的职业生涯规划。针对这种情况，特别是大一新生要注意以下几点。

（1）虚心向学生干部学习，努力成为学生干部，把这种经历作为锻炼自己能力的重要手段。

（2）不迷信学生干部的"威力"。实际上学生干部仅仅意味着一种临时的身份，而且这种身份是完全为学生服务的。不能说所有学生干部的能力都强于普通学生，特别在职业规划方面更是如此。

（3）摒弃功利思想，不能仅仅将学生干部作为加重求职砝码的"身份"。

二、合理利用社会人际关系

在理论层面，要实现某种目的有两种方法，一种是靠自己，另一种是寻求他人的帮助。按照亲疏程度来说，中国人的社会关系可分为三种类型：一是家庭关系，主要指的是以家庭成员为核心的关系，即父母、子女、兄弟、姐妹、其他家人之间的关系；二是熟人关系，主要指的是亲戚关系、朋友关系、邻居关系、师生关系、同事关系、同学关系及同乡之间的关系；三是陌生人关系，主要指的是与自己没有直接或者间接的持久性社会关系的人。合理利用社会人际关系确实可以说是全社会的共识，但是对于大学生来说，因为他们的生活内容比较单纯，社会人际关系的作用一般也局限在一定范围内，因此大学生一方面要积极合理地利用社会人际关系，有善待他人的意识；另一方面要克服功利思想，纯化人际关系，真诚待人，还要注意克服狭隘的"小团体"意识，多交朋友，特别是锻炼自己与不同类型的人群交往的能力。

三、把握家庭情况与自身生涯规划之间的平衡

在进行职业规划的过程中，还需要考虑到自己身边各个方面的情况，其中家庭对每个人都具有重大意义，也会给职业生活带来许多影响。家庭对于每个人的重要性是不言而喻的，因此生涯规划与家庭平衡对于实行科学的生涯管理和调控是非常重要的。

在这方面，虽然对于大学生而言，很多问题尚在设想中，职业—家庭平衡计划从本质上说是针对职业人的，但作为未来的职业人，大学生在制订这项计划的时候要有一定的前瞻性，要充分考虑到自己的职业决策在相当长的时间内会对家庭生活产生的影响，多听取家人（如父母等）的意见，这对个人今后的职业生涯发展是非常重要的。从某种角度来说，这体现了大学生作为成年人应尽的责任。而且，大学生从家庭与生涯规划的平衡方面来思考生涯规划问题，能够更全面地

判断自己行为的价值，也会在个人特征与职业的匹配中寻找到第三种力量，如果能够尽最大努力实现三者之间的平衡，在某种程度上才可以说是一个理想的职业选择。

就大一学生而言，在思考未来的生涯规划和调整自己的生涯规划的时候，要充分地考虑到未来职业选择对于家庭的意义，要根据自己的实际情况科学合理地进行职业选择，要在与家人充分沟通的基础上对家庭在职业选择中的权重有适当的认识，最终达到两者之间的充分平衡。总而言之，职业不仅仅是个人的事情，也不仅仅是由兴趣决定的，而是需要综合考虑各方面因素才能确定的。

第五章　大学生就业形势分析和建议

如今，“就业难”既是大学毕业生不得不面对的现实问题，也是一个社会性问题。从整体上看，大学毕业生的人力资本层次很高，在人才市场中占据绝对的优势地位。但是，在全球一体化和知识经济的影响下，大学毕业生需要具有一定的核心就业技能，以适应新经济发展的需要。

大学生如果想在毕业后找到一份满意的工作，那么就非常有必要在大学期间做好准备，形成正确的认识。即要了解当前有关大学生就业的相关政策制度，做好正确对待当前宏观形势的思想准备，这样才能形成良好的就业心态和正确的职业价值观，为自己将来的发展打好基础。

第一节　大学毕业生就业总体形势

一、内外经济增速趋缓

在我国，经济发展速度放缓，同时对经济结构进行了调整，在这样的社会大背景下，会深刻影响劳动者的就业结构，同时对就业的总体规模产生挤压效应，影响劳动者就业。特别是在传统的支柱产业中，企业的重组改革加快，积极淘汰落后的产能，同时一些行业的持续低迷以及产能过剩，都会导致社会上出现结构性失业和转型性失业，从而使就业变得更加困难。目前，国际经济形势还存在许多不明朗的因素，隐藏着很多的变数与风险，欧美两大经济体还存在着一系列的问题，如财政紧缩、主权债务风险增加等，而世界上的一些新兴经济体还在经历着经济转型、出口下滑等困难，全球经济复苏举步维艰，对出口型经济的发展和就业产生了很大的影响。

二、市场预期和企业转型升级对就业的影响依然较大

首先，一些企业的转型和升级速度较慢。对于中小企业以及民营企业来说，技术创新的能力较为薄弱，因此在进行产品结构转型的时候速度相对较慢，加之面临着严重的国内外市场的竞争，企业受产品技术含量、附加值等因素的影响，被迫采取了低价竞争的战略，这反映到就业市场就会表现为企业控制人工成本，给出的薪酬较低，出现了员工的流失问题。

其次，有一些企业对当下的生产经营形式非常悲观，导致频繁裁员，迫切将成本压力进行消解，这种做法伤害了员工对企业的感情。不仅如此，因为一些企业没有强烈的社会责任感，一直遵循“需要就招工、不需要就解雇走人”的用人方式，对员工的情感造成了很大的伤害，使员工没有归属感、安全感以及稳定感。

最后，对于毕业生学历层次的社会需求变得越来越高。我国十分缺乏中高水平的人才，社会上亟须高水平、高层次、外向型、复合型、开拓型的人才，在社会人才结构的需求层次中出现了重心上移的趋势。在大学生就业方面，研究生已经变得愈来愈“抢手”，在毕业生这一层次上呈现出基本平衡的趋势，但是在专科生这一层面上明显出现供过于求的趋势。机关、大学、科研单位、大公司，大部分在招收硕士和博士毕业生，就算是中小型的企业，也想要招收更多的研究生。当前的这种社会现象，使得很多用人单位存在一些错误观念——“人才高消费”，对高学历人才盲目追求，在对毕业生的需求方面出现了扭曲，这加剧了毕业生的就业难问题。

三、毕业生的就业期望值居高不下

大学生一般都有“找不到自己想要的工作”的感觉，与此同时，还存在很多基层一线的用人单位迫切需要优秀的人才，但是却招不到毕业生的情况。这就表明，大学生毕业群体中普遍存在求高薪、求舒适、求名气的心理。现在，大学生中很少有把事业发展放在第一位的，他们一般都希望能到大城市、机关、大企业等单位工作，他们希望能去的单位不仅有好的名声、好的工作条件，还具备好的生活待遇、好的出国机会，甚至是离家较近等优势。

对于毕业生来说，大部分人想要留在大城市或者是沿海开放城市工作，但是就目前来说，社会中最需要毕业生的往往是一些中小城市，或者是些边远地区，或者是艰苦行业的基层一线中小型单位，在以上这些地区和单位非常缺乏人才，他们迫切地希望能招收到大学毕业生，但是每年都招不到足够的人才，因为没有太多的毕业生愿意到这些地方工作，就算是分配到那里的毕业生也很容易出现人才流失的现象，这就是所谓的“要不到、分不来、用不上、留不住”。这也就造成了一些社会现象，即一些毕业生为了一个优越的岗位进行激烈的职位竞争，导致最后失去择业的好时机。

四、毕业生的能力素质与用人单位的要求存在较大差距

现在的用人单位越来越注重学生的敬业精神、职业道德、思想道德和能力，他们更注重的是毕业生的“人品”和能力，而不是专业。很多单位对大学生秉承着“宁缺毋滥”的态度。因而，具有较高综合素质、较强实践能力、较强敬业精神、多种专业技能的大学生，日益受到人们的青睐。

就当前来说，毕业生的就业形势还是非常严峻的，因此面临就业的毕业生应该做好充分的思想准备。党和国家十分关注大学生的就业问题。根据就业情况，我国每年都会制定有关就业的政策与措施，引导、协调与安排大学生的就业；与此同时，伴随着社会的快速发展，以及知识经济的到来，呈现出各种经济成分的共同发展，社会对于人才的需求也越来越大、越来越高。在这样的背景下，乡镇企业、非公有制企业、欠发达地区、广大基层都为毕业生提供了广阔的天地来施展才华。由国家政策大力扶持的就业项目有很多，具体如“部队士官招聘”“预征入伍”“西部计划”“三支一扶”“大学生村干部计划”等。此外，在国家大力鼓励大学生自主创业的大背景下，大学生可以在特定的情况下，找到商机，利用自己的特长，走上自主创业、自谋职业的道路。这样既能解决自身的就业问题，又能为社会提供一个新的就业渠道，为毕业生提供更多的就业岗位，减轻就业压力。

第二节　当前大学毕业生就业政策

一、大学毕业生就业政策的内容

鼓励大学生下基层，到艰苦的地方工作。各级政府要为大学毕业生提供就业的机会，引导大学毕业生投身于城市社区和乡镇农村基层单位，从事一些教育领域、卫生领域、公安领域、农技领域、扶贫领域和其他社会公益事业的工作。如果毕业生在艰苦地区工作两年及以上想要报考研究生的，应该优先推荐、录取，给予相应的支持，对于报考党政机关和应聘国有企事业单位的，在相同的条件下进行优先录用。

党政机关在聘用公务员时，以及在国有企业中增加新的专业技术人员、管理人员时，主要面向的对象应该是高校毕业生，通过公开考试、招聘，进行择优录用。

积极鼓励各类企事业单位，尤其是中小企业以及民营企业对高校毕业生进行录用，政府中的有关部门应该为其提供一个便捷的服务。如果出现企业跨地区对高校毕业生进行聘用，省会及省会以下城市应该积极有效地落实相应的政策，取消落户方面的限制。

鼓励大学生自主创业，实行灵活就业。对于大学生从事除国家限制的行业之外的个体经营，从工商部门批准经营之日起，一年之内可以免交登记类和管理类的各项行政事业性收费。对于一些有条件的地区，可以由地方政府牵头，在现有融资渠道中向大学毕业生发放小额贷款。

在高校毕业生办理户口和人事档案手续方面提供便利，对于在毕业离校时还没有落实工作单位的毕业生，如果学生有要求户口以及人事档案需要继续留在其所在的学校，可以按照有关规定继续留在其所在学校两年。在这段时间内，负责保管其档案的档案管理机构要免收服务费用；如果学生本人要求将其户口转移到入学前的户籍所在地，当地的公安机关应该按照户籍管理规定为毕业生办理落户手续，人才交流服务机构（从属于人事、教育部门）主要对相关的手续进行办理，并免费为毕业生提供人事代理服务。当毕业生的工作单位落实之后，公安机关应该按照有关的规定为毕业生办理相关的户口迁移手续。

如果高校毕业生在毕业半年后仍未找到工作，可以凭本人的学校证明，到户籍所在地的市、县级劳动保障部门申请失业登记。公共职业介绍机构和街道劳动保障机构作为劳动保障部门所属机构应该免费为毕业生提供相应的就业服务。一些有条件的城市以及社区可以为其提供用人单位见习机会或者组织其参与到临时性的社会工作、社会公益活动之中，并给予毕业生一定的报酬。如果毕业生因为患病或者其他原因，短期之内无法进行劳动工作，并且没有收入的情况下，按照当地城市低保标准由民政部门对毕业生给予临时救助，这项费用应该从地方财政中支出。

二、国家促进大学生就业的建议

（一）就业优先战略

就业是人们赖以生存的基础。要将劳动者自主就业、市场调节就业、政府促进就业和鼓励创业的方针贯彻到底，应该实行就业优先战略，落实更加积极的就业政策。因此，要对经济发展方式进行转变，同时保持经济的稳步向好发展。以扩大就业为目标，把更好地解决就业问题作为经济发展战略和政策的一个重要前提。在保持健康、快速发展经济的同时，应该对产业结构进行调整和优化，将重点放在发展具有较强吸纳就业能力的第三产业上，从而达到经济增长与扩大就业之间的良性互动，将人力资源的开发过程转变为带动就业能力不断提高的一个过程，让人力资源成为今后我国经济发展的一个主要的驱动力，从而推动经济的长远发展、健康发展、可持续发展。

（二）促进就业的财政政策

根据国内外的实践与经验，除了通过市场调节来解决就业问题，财政政策也是一种由政府主导的、有效的宏观调控经济的手段，可以很好地解决就业问题。

首先，要增加政府的直接投资，保护好就业中的弱势群体和困难群体的利益。在今后相当长的一段时间内，我国的就业和社会保障资金需求之间存在着巨大的矛盾。因此，应该增加政府财政的直接投入，对预算内外的各种渠道进行充分利用，积极筹集失业救济资金，同时筹集特困群体就业补助，对再就业人员的培训费用进行多渠道的投入与筹集等，以确保就业困难群体的利益。此外，还应该加大对再就业资金的筹集力度，加强对再就业资金的监管，保证社会保障事业朝着良好的方向快速发展。

其次，实施积极的再就业税收优惠政策。财政部、国家税务总局应该对一些具备较强的再就业需求和能力的人员完善和调整再就业扶持政策，具体包括以下人员：一是国有企业下岗人员，二是国有企业破产之后需要安置的人员，三是失业一年以上享受最低生活保障并且进行城镇失业登记的失业人员等，针对这些人员，应该推出一系列的符合他们需求的税收优惠政策。比如，这类人群如果从事个体经营，可以在每人每年 8 000 元的规定限额内按四个税种依次减免；如果这些人群从事除建筑业、广告业、娱乐业、氧吧、网吧等服务业外的自谋职业，或者就业于公益性岗位的，为了帮助以上群体实现再就业，可以在领取税务登记证那日开始，依旧可以享受如 3 年等多年的免征社会保险补贴政策。

再次，要积极为社会保障税的征收创造良好的环境。对于大多数国家来说，为待业人口筹集最基本的生活资金的主要方式之一就是开征社会保障税。目前，我们应该积极为社会保障税的征收创造良好的环境，通过开征社会保障税以增强费用收支所具备的强制性，使其更好地实现保障待业人员基本生活的功能。在此基础上，建立健全社会救济体系，增加对失业人员的财政补助，特别是对非公经济部门失业人员进行救助。例如，如果非公经济部门失业人员离退休不到 5 年，则规定应该由相关财政部门和企业分配比例继续对其补贴社会保险以及岗位补助，直到失业人员到达退休年龄，这样做主要是为了保护失业人员的合法权益。

最后，如果在企业吸纳下岗和失业人员再就业签订 3 年以上劳动合同、人数达到一定比例的情况下，应该给予企业一定的优惠政策，如企业税减免优惠或信贷优惠，主要目的在于激励那些有条件促进再就业的企业为社会问题的解决贡献自身的力量。

（三）创造良好的创业和就业制度环境

就业是一个关乎国家和人民生活的重大课题。顺利解决就业问题，离不开健全的制度环境。

第一，要加强与就业有关的法律法规的建设，加大对就业法律法规的宣传力度，使政府在促进就业和保障就业中的作用得到充分的发挥。对于与就业相关的法律法规应该由各级政府与就业管理部门共同建设，形成多层次的法律体系，营造科学严格的制度环境，以有效解决社会就业问题。与此同时，对与就业有关的法律法规，应该加大宣传力度，特别需要强化对失业求职群众的普法教育，在社会中提倡公平就业观念，让劳动者享有平等就业的权利得到更好的保障。

第二，要加速建立完善的劳动力市场制度。就目前来看，我国的劳动力市场制度并不完善，依旧存在很多的问题，例如：劳动力就业保障制度的社会化程度不高；因为不健全的劳动就业培训机制以及服务机构管理机制而出现了一系列的管理不顺、培训内容类似、结构雷同、信息不及时等问题。不仅如此，我国的社会生产力发展水平还不是很高，加之受到国家财力的制约，使得我国劳动力的充分就业与流动受到限制。要解决这一问题，必须加快户籍制度的改革，以此为前提，并逐渐突破区域与行业间在制度上的壁垒，加速构建开放的、统一的国内劳动就业服务平台与机制，在区域、产业、行业间推动劳动资源的合理、高效分配。此外，通过建立健全劳动就业培训制度与服务机构的管理机制，对各方资源进行整合，在此基础上提高资源的使用效率，使得劳动就业服务机构的功能得到充分的发挥。

第三，健全公共就业服务制度体系。目前，在我国公共就业服务体系中，普遍存在着一些问题：不及时、不准确的信息更新，没有较强的服务功能，不完善的服务手段，等等。积极建立与实现全国统一的劳动者信息服务网络，以此来促进和发展就业服务配套公共事业，不仅如此，还应该强化对相关工作人员与岗位的考核管理，以便更好地服务于公共就业。

第四，健全就业登记制度，完善再就业培训机制。在资金上要加大对公共就业服务体系建设的投入力度，对劳动力就业服务指导功能进行强化。

（四）优化经济结构，多渠道扩大社会就业

第一，立足于产业结构，对产业结构进行调整，加快对第三产业的调整，使其在创造和促进就业方面的作用得到最大程度的发挥。随着科学技术的进步，社会中广泛运用智能机器，在对劳动人口的吸收上，传统的第一产业、第二产业的吸收能力不断降低，劳动人口所占的比重不断降低。在吸纳劳动力方面，相对来说，第三产业有着巨大的潜力，主要原因在于第三产业拥有更加广泛的产业范围，并且自身具备非常高的创新能力，也就是说第三产业可以不断产生一些新的行业

形态，为社会创造很多新的就业岗位。纵观发达国家的发展历程，我们可以看到，随着经济的不断发展与产业结构的不断升级，第一产业和第二产业的劳动力必然会向第三产业进行转移。就当前的中国来说，第三产业的发展处于较为滞后的局面。第三产业是当前解决就业问题的主要产业，可以预见，我国在今后的几年中，第三产业的就业人数将会占到总就业人数的 75 % 以上，所以必须要加速调整产业结构，特别是促进第三产业的发展，只有这样，才能最大限度地发挥第三产业的创造能力和带动就业的作用。

第二，立足于企业的规模，应该对中小企业的发展环境进行改善，使其在促进就业、促进再就业等方面的功能得到充分的发挥。小微企业作为我国经济发展过程中的“轻骑兵”，是增加就业、安置再就业人员的重要渠道之一。鉴于此，应该从各个方面入手，对中小微企业提供支持，为中小微企业的发展提供一个良好的外部环境，使其充分发挥吸纳就业的作用，促进自身的繁荣发展。

第三，立足于所有制，进一步对非公有制经济的结构进行优化与升级，扩大就业渠道。随着改革开放的深入，以个体、私营为代表的非公有制经济得到了迅速的发展，并逐渐成为扩大就业规模和吸收就业人员的主要力量。由于当前的劳动力成本不断攀升，以及国际市场需求出现萎缩，加之我国经济发展方式的转型升级，导致非公有制经济中具备较强吸纳就业能力的劳动密集型行业面临很大的转型与升级的压力，其本身所具备的较高的吸纳能力逐步下降。在当前的公有制经济中存在一些问题，如劳动力进入限制问题、劳动力退出制度不足问题，在这样的大背景下，我国的非公有制经济应该积极进行转型升级，以便促进自身的发展和为社会创造更多的就业岗位。针对这一情况，应该将非公有制经济引入某些新兴产业中，甚至是部分战略性新兴产业中，让一部分非公有制经济参与到社会公用事业建设中，并将其灵活、高效的优势发挥出来，为社会提供更多的有效的就业岗位。除此之外，还可以在乡镇以及农村中引入一些劳动密集型的非公经济，让非公经济就近地参与到新型城镇化的建设、新农村建设中，帮助农业走向现代化和产业化发展之路，从而将农村的剩余劳动力吸收进来，减轻社会的就业压力。

（五）加快发展应用技术教育

在高科技，特别是信息技术迅速发展的今天，劳动密集型企业在数量和优势上，都在不断减少，企业对生产和服务人员的技术需求也在不断提高，然而在短期之内，有相当一部分的劳动者很难适应以及胜任这些新的变化，这就导致了结构性失业的产生。所以，现代高等教育转型发展的必由之路是培养既能满足当地经济发展需求，又具备创新能力的应用技术人才，同时，这也是提升劳动者就业能力的重要手段和提高其择业能力的重要途径。

首先，在对教育结构进行优化升级以及提高基础教育质量的基础上，大力发展成人教育，积极开展职业教育。在对职业教育体系进行全方位、多层次构建时，应该以劳动力市场需求的变化为前提，同时要积极推进一些学校进行改革与转型，推进高等教育从“精英型”转变为“大众化”，以适应我国经济和社会发展的需要，为广大劳动者提供更多的文化知识和专业技术，提高他们的就业成功率。

其次，建立健全劳动者终身职业培训体系，对公共就业培训体系进行优化，对社会资源进行系统的整合，以此来提升劳动者的持续就业能力，此外，还应该积极建立员工在职就业培训体系、失业人员再就业培训体系、入职培训体系等，增强就业者在面对产业结构调整过程中出现的结构性失业时的再就业能力，让其具备更加持久的就业能力。

再次，对于农村剩余劳动力，应该借助多种培训的形式来增强其就业的能力，可以以大专院校、培训机构、企业为依托，尤其以高职院校、成人院校等为重点，针对农村剩余劳动力进行转移培训，保证其在城市中具备一定的就业能力。

最后，要改变大学生的就业观念，在教育、培训内容等方面进行优化，以促进大学生的就业。一是从社会经济发展的需要出发，为社会培养具备高素质、企业急需的技术型人才和知识型人才；二是在遵循市场机制的基础上，立足企业对不同专业求职者的不同需求，对毕业生进行有针对性的就业指导与就业的技能培训工作，增加毕业生的就业渠道。

第三节　大学生就业对策建议

一、提高自身素质，开展职业培训

为了之后能够更好地工作，大学生应该努力提升自身的素质。同时，针对自己的未来发展，大学生应该规划职业生涯，因为一旦缺失职业生涯规划，会对大学生的就业力产生直接的影响。大学生职业生涯的规划对大学中的学习方向与重点、社会实践活动、毕业之后的就业方向和未来的发展方向有着深刻的影响。对于职业生涯来说，并非只是简单的“就业”“找工作”，事实上，职业生涯主要指的是一个人对其全部生活过程进行有意识的计划，包含其工作、学习、闲暇的时间以及各种关系，并在其所处的社会背景下，主动地采取措施和行动，将计划付诸实践。

二、加强社会实践，从基层做起

培养一个人的求职能力是一个长期的过程。学生的分析问题的能力和解决问题的能力只有在不断的实践过程中才能得到提高和锻炼。因此，对学校来说，应该积极组织学生参加各种活动，为学生提供一个发展自我和展示自我、提升自我的平台，切实提高学生的综合能力和水平。在学校里，要让同学们多接触一些企业，使同学们对社会和工作有更多的认识，为将来找工作打下良好的基础。作为学生，应该对当下的劳动力市场有所了解，尤其是对劳动力市场中大学生的总体供求数量信息有所了解，明确结构信息，对具体的职位职责要求进行系统了解，对个人的就业能力和水平有深刻的认识，将自身的各种优势、潜力、资本、能力信息传达给市场，让市场认识和明确自身的价值。当就业环境并不十分理想时，大学生首先可以选择在工资相对较低的中小型企业中工作，或者选择临时工作、非全日制就业等灵活工作。大学生在就业的过程中应该关注个人的人力资本的积累情况，积极需求更多的、更好的就业与职业发展机会，一个人的职业生涯的成功与否与毕业之后的第一份工作并没有直接的因果关系，主要在于其是否能够利用这个机会来积累经验，为将来的职业成功打下坚实的基础，要秉承先就业后择业的观念，为大学生自身的职业发展积累更多的人力资本。

三、开辟就业基地

学校要充分发挥其优势，建立就业基地。一是学校应该加强与行业协会、大型企业、各地城市人才服务中心的沟通与联系，力争与各地区的经济技术开发区的人才培训基地结成合作伙伴，拓展其就业基地；二是让学生积极参与社会实践，学校通过为学生提供暑期见习等活动，让学生充分利用这些社会实践活动来实现就业渠道的拓展；三是学校还可以采取邀请客座教授、听取用人单位的建议等方式，加强与企业的交流，以巩固和拓展学生的就业基地。

四、实施产学合作，提高就业率

在当前的高等职业教育中，最为突出的特点是校企结合和产学合作，这也是当前实现学校、学生、企业三方共赢的重要举措。通过产学合作这一举措，可以为学生提供更多的技术拓展机会和技能培养的教育资源，帮助学生更好地适应工作岗位，为学生提供更多的就业机会，拓宽就业渠道。

综上所述，在大学教育的发展与前进中，毕业生就业难问题是教育事业改革和发展的必然结果。面对当前严峻的就业环境，学校应该积极引导和教育毕业生对其自身有一个精确的定位，应该秉承先就业后择业、先就业后发展的新就业理念，提高自身的社会竞争力以及适应性，只有这样，才能解决就业问题。在全球化的大背景下，要想解决毕业生的就业难问题，我们需要用正确的观点来看待：只有政府、学校、毕业生、用人单位四个主体共同努力，才能真正地解决毕业生的就业难问题，并达到标本兼治的效果，实现良性发展。

第六章　大学生的求职技巧与准备

面对严峻的就业形势，有的大学生可能在大二、大三时就已经为大四毕业找工作打基础了；而对于大部分的同学来说，很多人对找工作这件事情是很盲目的，把自己的简历写得非常华丽，然后就带上简历去了招聘会现场，以为自己可以找到一份好的工作，但实际的结果往往并不能令自己满意。本章主要对大学生的求职技巧与相关准备进行详细介绍，从信息搜集、材料准备、求职方法、面试技能与心理调适几个层面进行论述。

第一节　就业信息搜集与管理

一、就业信息搜集途径

在各行各业中存在很多的就业岗位，我们可以通过翻看报纸、杂志和招聘网站找到相关招聘信息。为了吸引应聘者，各行各业已经通过多种渠道发布了招聘广告。人们多元化的价值观念是商品经济社会中的一个突出特点，在利益的驱动下，很多的求职广告真假难辨、良莠不齐。毕业生涉世不深，因此应该借助正确的、合法的途径进行求职。常见的大学生毕业就业信息搜集途径为：大众媒介、校内人才市场、校外人才招聘会、职业介绍所等

二、就业信息的处理步骤

第一，有了更多的信息，就有了更多的机会。尽量从各种途径搜集和本行业有关的招聘信息。需要注意的是，要保证收集的是最新信息，将过时的信息剔除出去，在这个过程中要关注信息发布的时间和有效时限。即便是通过了面试，对

于信息的搜集也要一直到和招聘企业签署就业协议为止。一般情况下，协议的当事人必须遵守签订的协议，协议是有法律效力的。一些应聘者在签署了合同之后，还在不断地收集招聘信息，希望能够找到一份更好的工作，因此就会有一些人为了获得更好的工作而撕毁协议，造成经济赔偿，这一点应该引起所有学生的注意。

第二，排除重复的信息。对于招聘信息的发布，一些单位会使用不同的方式，学生很有可能会在不同的渠道获取一样的招聘信息，因此在对这些信息进行广泛的收集之后，就要将那些具有重复性的信息给剔除掉，这样就可以避免浪费不必要的精力。

第三，根据对所从事工作的兴趣及成功的机会，对招聘单位进行排序。学生应该花费更多的精力、更多的时间，去主动争取那些最吸引人、最有希望获得成功的工作，这样当招聘活动出现冲突时，就可以做出选择。

第四，熟悉所面试岗位的工作性质，对职位负责人有所了解。这一点非常重要，因为只有这样，才能在面试时进行有针对性的介绍，让招聘方认为面试人是他们所需要的人才。了解负责人的姓名和职务，在与对方的交谈中会更有礼貌和亲切感，同时了解对方的性格特征，也会使交流更加顺畅。

第五，学生可以将自己的简历和有针对性的求职信发送给自己感兴趣的招聘单位。在个人资料上，范围可以更大一些，但是求职信应该更具针对性，最好避免千篇一律。在发送求职信的时候应该做好记录，一方面是避免重复发信，另一方面是防止因为遗忘时间没有及时询问结果而失去机会。

第六，以适当的方法询问结果。按照招聘者的要求在规定的时间内询问结果，可以采取电话、书信、电子邮件、亲自登门咨询的方式。

第七，识别招聘者的信息，避免落入陷阱。对于以下用人单位应该提高警惕，认真审查：一是将薪酬说得非常高，并且工作环境非常好的用人单位；二是需要提前支付中介费用或者是保证金的单位；三是迫不及待地想要签就业协议的单位。

三、就业求职信息的分析整理和使用

一般来说，毕业生通过上述方法与途径搜集到的原始就业信息都比较杂乱，有相当一部分信息对大学生来说都是没有用的。因此，大学生对搜集到的信息应按照以下原则进行整理。

（一）分析整理的原则

首先，要抓住要点，掌握重点、对收集到的全部求职信息进行对比，在对其进行初步筛选后，从中挑选出重要的信息，并加以标注和保存，而对于普通的信息，只是作为参考。

其次，适合自己。每个人都有不同的情况，学生应该根据自己的实际情况来选择合适的信息。

再次，强调信息的时效性。及时整理和使用所搜集到的就业信息，避免出现过期情况。

最后，要掌握好信息的范围。在收集信息的时候，不能只关注那些“热门”的单位，或者附近的区域，这样会使得就业的成功率大打折扣。

（二）分析整理的方法

拥有丰富的就业信息是顺利就业的一个重要先决条件。但是，一定要在自身实际情况的基础上，对信息进行广泛收集，并以国家有关政策、法规为依据，去伪存真、去粗存精，有目的、有针对性地整理、处理、分析收集的信息，这同样也是毕业生找到自己理想工作单位的关键一步。由于社会上的就业信息具有很强的时效性，并且具备数量多、种类多、范围广等特点，因此我们要对收集到的就业信息进行分类和整理。

首先，正确选择。一是学生应该在很短的时间之内，对大量的就业信息进行查阅和分析，在这些海量的信息中发现适合自己的、最有用的信息；二是对信息的有效性、正确性以及可行性进行鉴别、分析和研究，一旦发现所收集的信息中没有自己想要的或者是存在不清晰的情况，需要进行实际考察，只有这样才能在就业求职的时候对信息进行客观、准确的选择，选择适合自己的、自己喜欢的用人单位。

其次，善于挖掘。对于所获得的信息，毕业生不应该轻易放弃，因为很多有价值的信息就隐藏在这些信息中，它们往往不是直观的，需要进行思考与分析才能获得相应的价值。怎样才能更好地利用手上的就业信息？毕业生所获得的招聘信息通常都是一些简短的词语、文字，有些甚至没有详细的内容。因此，要对信息的内涵进行详细的了解，了解用人单位的性质、企业规模、地理环境、发展前景、经营范围种类、所需人才等具体要求，以及招聘岗位对求职者的专业知识和能力的要求，同时，也应该了解用人单位的工资、住房、奖金等福利待遇。

（三）就业信息的使用

大学毕业生在对就业信息进行整理之后，还应尽快使用就业信息，及时与用人单位联系，向用人单位递交本人的简历，然后在接到面试通知后到用人单位去面试。因为就业信息不仅有时效性的特点，而且一般都是公开的，如果动作慢，别的毕业生就可能会捷足先登。所以毕业生在使用就业信息时要当机立断。

四、就业求职陷阱

毕业生求职陷阱是指违法人员或犯罪分子利用毕业生求职心切而采用非法手段侵害毕业生财产权益和人身权益的非法活动。毕业生求职陷阱通常表现为骗取毕业生的财物、个人信息、低廉或者免费的劳动力甚至侵害毕业生的人身自由权或者其他人身权益等。

（一）常见的求职陷阱

1. 上岗前培训需交纳培训费等费用

以各种名目收取费用是求职陷阱惯用的伎俩。不法分子往往利用毕业生急切的求职心态，以各种理由收取费用，进行诈骗，包括培训费、服装费、风险押金等。比如，以新人培训后才能上岗、培训时需交纳相关费用等为借口，骗取毕业生的财物。

2. 传销陷阱

传销是国家明令禁止的行为，其特征是发展“下线”，通过欺骗他人加入、交纳各种形式的费用来榨取钱财。传统的非法传销公司一般是以欺骗文化程度不高的人群为主，但现在的非法传销组织有向大学毕业生渗透蔓延的趋势，他们利用大学生文化水平相对较高，具有较强的沟通能力去发展更多的“下线”，榨取更多的钱财。

3. 扣留毕业生的证件

《中华人民共和国劳动法》（以下简称《劳动法》）规定：用人单位招用劳动者，不得扣押劳动者的居民身份证和其他证件，不得要求劳动者提供担保或者以其他名义向劳动者收取财物。而在现实中却普遍存在着一些用人单位扣留毕业生证件的情况，理由是防止求职者干一段时间就跳槽。无论用人单位给出何种理由，这种行为都是违法的。

4. 不法中介骗局

一些非法或违规经营的职业介绍所，与一些小公司串通，或自行安排招聘骗局，或发布虚假的就业信息，骗取求职毕业生的中介费、资料费等。一般惯用的伎俩有以下 3 种。

①用谎言骗取求职者的信任。不少不法中介往往承诺求职者能很快找到工作，“保证一周内上岗”等，目的就是引诱求职者上钩，骗取中介费。有的中介将骗取的钱财与合伙公司分账，骗完就走；有的中介是以各种理由把择业者拒之门外，还编出各种理由，让被骗者无法要回钱财。

②打着咨询公司等旗号，以“直聘”来引诱求职者上当。求职者去应聘时，以为该公司工资高，所以对着装、技能要求很高，需要培训后上岗，需交纳培训费、服装费、资料费、上岗费等，然而却迟迟不能上岗。

③假体检，真诈骗。一些不法中介与不法医院勾结，以招聘体检为名，假装按照正常的招聘程序告诉毕业生需到指定医院体检。当毕业生交纳高额的体检费用后，却会因“体检不合格”而被拒绝。

5. 骗取毕业生的廉价劳动力

一些用人单位让毕业生先顶岗实习，并提出岗位急需用人，要求最好提前一年上岗实习，承诺实习期满考核合格者留用。但在学生实习一年后，以各种理由辞退毕业生，其实是为了长时间使用无偿或廉价的劳动力。

6. 盗窃毕业生作品

大学生作为文化水平较高的人群，在校期间，为完成学业或参加各种比赛，经常会创作一些优秀作品。这些学生在求职时，又将这些作品作为求职的筹码。殊不知一些用人单位正是以招聘为借口，将学生的作品复印留下然后据为己有，这样他们不用找人开发研究，就能拥有一些创新作品。

7. 滥用试用期

所谓的试用期主要指的是劳动关系在劳动合同期限内处于非正式状态，在这期间用人单位对劳动者是否符合单位的要求进行考核，同时，也是劳动者对用人单位是否符合自己预期与要求进行了解的一个时期。试用期的人员与正式人员的工资、福利待遇都有很大差别，往往低很多。一些不法用人单位正是为了降低用人成本，减少赔付成本，以滥用试用期为手段来规避法律，侵犯毕业生的合法财产权益。我国法律规定：劳动合同期限三个月以上不满一年的，试用期不得超过一个月；劳动合同期限一年以上不满三年的，试用期不得超过两个月；三年以上固定期限劳动合同和无固定期限的劳动合同，试用期不得超过六个月，且试用期包括在劳动合同的期限内。

8. 以招聘为由进行暴力犯罪活动

有的不法分子以公司招聘的名义通知毕业生前往某偏僻之处面试，再以公司位置偏僻为由主动派车接送，在偏僻处抢夺毕业生财物，或者进行其他暴力犯罪活动。

求职陷阱对毕业生危害很大，如果大学生不能有效防范各种求职陷阱，可能会造成财产损失，人身权益也会受到损害。大学生心理尚不成熟，一旦掉进求职陷阱，往往难以自拔，处理不当会激化矛盾，甚至会产生过激想法。

（二）就业求职陷阱的应对措施

1. 防范求职陷阱的根本：防范意识的增强

（1）切莫急功近利、急于求成。毕业生在求职前或求职过程中，应主动学习劳动法规相关政策，提高自己的求职素质和独立思考的能力，切莫急于求成、急功近利。

（2）把握底线。扣押证件、收取费用的行为一律不合法。用人单位在招聘时无论以何种名义向劳动者收取保证金、服装费、风险金、报名费、抵押金等都是不合法的。毕业生遇到此类情况时，要拒绝缴纳，并向劳动监察部门举报，以确保自己的合法权益不受侵害。

2. 防范求职陷阱的关键：防范能力的提高

从招聘广告开始防范风险。招聘广告包含用人单位的招聘信息。对于毕业生而言，应当首先从信息中识别可能存在的陷阱，如果招聘广告中未附公司简介、未提出应聘要求，毕业生就应当多加防范。一些骗子公司在写字楼租个房间，打出提供高薪岗位但要求却很低的“招聘启事”来诈骗钱财。实际上，天上不会掉馅饼。面对高薪，要冷静分析：一看单位的实力；二看岗位特点；三看高薪的条件；四看同类人员的薪金水平。在招聘信息的选择上，学生应多考虑从学校就业指导中心或专业教师、辅导员等途径获得的就业信息，这也是加强防范的重要措施之一。

验证用人单位的相关资质。大学生应想方设法加强对用人单位的了解。在接到招聘单位的面试邀请电话时，应利用网络或其他途径核实该用人单位的资料，毕业生应认真确认面试地点，正规单位招聘一般会将招聘地点设在单位的办公室、会议室，对于一些以租用房间为招聘地点的单位则要警惕。

在应聘过程中防范风险。一方面，在面试提问、面试测试等环节，毕业生不要透露与就业无关的个人信息、家人信息，以防用人单位侵犯个人隐私，或者利用这些信息进行诈骗等违法活动；另一方面，用人单位在招聘过程中负有告知义务，应当告知毕业生与劳动合同履行相关的全部事项，如工作内容、工作条件、工作地点、职业危害、安全生产状况、劳动报酬等。如果用人单位在招聘过程中提供虚假信息构成欺诈的，劳动合同无效或者部分无效；给应聘者造成损害的，用人单位应承担赔偿责任。

谨慎面对体检。入职体检是招聘入职中的一个重要环节，体检应由用人单位统一组织，并在正规的医院或体检机构进行，而且由用人单位承担全部体检费用。如果在就职体检中，用人单位以各种理由收取费用或在体检中含有涉嫌就业歧视的内容，毕业生就应该高度警惕。同时，对于体检结果，毕业生应当进行妥善处理，注意保护自己的隐私。

对外地上岗情况应该谨慎。大学生在面对那些来自外地的企业、分公司、办事处、分厂等高薪的招聘工作时，不管他们开出的条件有多优厚，一定要保持清醒的头脑，提高警惕，不要轻易相信他们的口头承诺。碰到这样的情况，最好先核实情况再前往，以免受骗。

3. 遭受侵害时充分利用法律武器

保存好招聘信息、录用通知书、就业协议等证据。录用通知书、就业协议等就业资料中包含录用条件、录用岗位、工资待遇等毕业生权益内容，这也是用人单位与毕业生解决争议的法律依据，毕业生应当妥善保存这些证据，以便在解决争议时处于有利地位。

权益受到侵害时及时举报。当遇到用人单位在招工时以种种名目向毕业生收取风险基金、保证金、抵押金等费用时，毕业生应当立即向劳动监察部门举报。毕业生在求职过程中一旦发觉上当受骗，要及时向招聘单位所在地的人力资源和社会保障局、劳动监察大队或派出所报案，寻求法律保护。

第二节　求职方法与材料准备

一、求职方法

（一）网络应聘

1. 网络应聘的含义

近年来，随着计算机通信技术的发展和劳动力市场发展的需要，产生了通过网络进行招聘、求职的方法，即网络招聘。网络招聘是指区别于传统招聘会和报纸招聘的一种招聘形式。它主要是企业依托于第三方载体（网络）接收应聘者简历及通过电话面试的方式对应聘者进行初步筛选的一种招聘形式。

2. 网络应聘的策略

随着信息化时代的到来，网络求职在大学生寻找工作的过程中扮演着重要角色，在网上求职也应该讲究一些策略。

策略一：要上大的网站。

策略二：要做个网页推介自己。

策略三：选择适合自己的网上招聘会。

策略四：网上在线招聘。

策略五：根据个人专业、特长向用人单位求职。

策略六：为避免网络病毒攻击，应用“正文＋附件”双保险的方法。

策略七：要在第一时间投递简历。

策略八：网络应聘时要保持平和的心态。

策略九：去专业的招聘网站拓宽视野。

策略十：求职者所准备的材料应该突出自身的专业、毕业院校、社会实践经历、工作经历等重点内容。

策略十一：求职者需要做到根据个人的专业、爱好、特长，有目标地向用人单位求职，不要简历“满天飞”，没有看清楚职位的具体要求就盲目地投简历，尤其注意不要应聘同一单位的不同岗位，这样容易给主管留下随意、不专业、缺少诚信的不良印象。

建议大学毕业生在网络求职时先仔细研究空缺职位的具体情况，确定符合自己的兴趣和背景之后再去应聘。

（二）参加招聘会

1. 人才招聘会的含义

人才招聘会作为人才服务中较为基础的传统业务之一，在促进人才资源优化配置的过程中发挥了重要作用，是目前人才交流最普遍的途径之一，是高校毕业生等人才求职择业的主要形式之一。

招聘会的最大好处就是可以面对面地直接与招聘者进行交流，通过工作描述，可以更深入地了解公司和工作岗位的情况，同时还可以获得一些与职场和行业有关的信息。在最有效的求职方式中，招聘会排在第二位。毕业生在择业过程中，参加招聘会的目的是推销自己、赢得面试的机会。

2. 参加人才招聘会的策略

（1）积极主动。求职时的自荐需要的是积极主动的精神，“等、靠、要”的想法是不可取的。对于求职者来说，自荐是一种非常积极主动的行为，对于自荐信以及简历等材料的提交和发送应该及时准确。一旦知道了职位需求之后，就不要犹豫，不然就会错过机会。为了让用人单位对自身有一个比较完整的认识，求职者必须提前准备好各项自荐材料，并且要做到积极主动：不等用人单位要求，自己主动提交；不等对方发问，就主动自我介绍；积极主动地询问面试结果，这样可以给人留下积极的印象。

（2）重点突出。大学生在找工作的时候，自我介绍时要着重强调自己的能力和知识，应该对自己的能力、专长、经验、兴趣等进行详细介绍，只需要简单介绍自己的家庭情况即可。要获得别人的信任，有时候要通过举例子进行情况的说明，这时应该强调自己的优点，以及所具备的能力。过于坦率、过于谦逊，会导致用人单位对求职者无法进行全面的了解与评价，很可能会错失被聘用的机会。

（3）诚实全面。来自招聘单位的信息表明，刚出校门的大学生“美言”自己的占比较高。原因是学生为了争取一份工作，往往不惜“夸大其词”，否则就感到不能脱颖而出；学校也不希望自己的学生找不到工作，在推荐意见一栏里总是“写好话”。满纸“美言”很有可能被用人单位看作满纸“谎言”，这已成为不少求职者自己为自己设下的陷阱之一。

（4）自信大方。极端羞涩、过于自卑的做法也不可取。试想一个用人单位会录用一个自己都感到信心不足的求职者吗？要让用人单位感到求职者的自信心很强，自荐时就要声音洪亮、举止从容。

二、求职材料的准备

（一）简历的准备

1. 简历的类型

常见的个人简历有两类：一是文字型简历，二是表格型简历。

（1）文字型简历。文字型简历是用文字描述自己的经历，如个人基本情况、做过什么工作、有何成绩、获得过什么奖励等。这是传统的写法，现在一些用人单位往往愿意录用有经验、有教训、失败过的人，关键是看应聘者能否从失败中找到原因，是否具有敢于担当的勇气。从林肯的简历中，可以看到他成功过、失败过、沮丧过、心碎过，但没有放弃过，这种不屈不挠的人，正是企业需要的人。

（2）表格型简历。表格型简历是以表格的形式分栏目介绍个人情况的简历，比较简练，让人一目了然。特别是经计算机处理后的表格型简历，非常规范、美观。在 Word 文档中有很多简历模板，基本上可以满足人们的需求，简历的样式不要太花哨，能够突出个人信息即可，针对设计类的职位，则需花一些时间制作有个性的简历，以充分展示自己的设计水平。

2. 简历的内容

（1）个人资料。个人资料必须有姓名、性别、联系方式（固定电话、手机、电子邮箱、固定住址），而出生年月、籍贯、政治面貌、婚姻状况、身体状况、兴趣爱好等则视个人以及应聘的岗位情况酌情填写。

（2）学业有关内容。学业有关内容包括毕业国家和城市、学校、学院、学位、所学专业、班级，然后是毕业时间、学过的专业课程（可把详细成绩单附后）以及一些对工作有利的辅修课程以及毕业设计等。

(3) 本人经历。本人经历指大学以来的简单经历，主要是学习和参与社会工作的经历，有些用人单位比较看重学生在课余参加过哪些活动，如实习、社会实践、学生会、团委工作、社团等其他活动。切记不要列入与自己所找的工作毫不相干的经历。

(4) 荣誉和成就。荣誉和成就包括“优秀学生”“优秀学生干部”“优秀团员”的称号及奖学金方面所获得的荣誉，还可以把认为较有优势的经历（如自立读完大学等）写上去；或者是参加国家学术性竞赛、国际比赛获得的荣誉等。

(5) 求职愿望。在求职愿望处应该清楚写明自己希望从事的工作，自己能够为用人单位带来什么价值，在这一部分应该简单介绍。

(6) 附件。在附件中可以包含以下内容：一是证书的复印件，如优秀党员、优秀团员、优秀学生干部；二是外语等级证书的复印件；三是自身发表的作品、论文等复印件。

(7) 个人技能。个人技能主要包括外语技能、专业技能、IT 技能，并且可以罗列技能证书。

3. 简历的注意事项

(1) 简洁明了。在制作简历的时候，一般大学生都会带着一种追求完美的态度，他们总是认为，要想充分展现自己的才华，就必须要把简历做得面面俱到，唯恐遗漏了一些用人单位比较重视的细节，导致自己在最开始的竞争中处于劣势。所以，大学生制作简历的时候往往将漂亮的页面和详细的内容作为重要标准。很多学生为了让自己的履历看起来很厚，就会把自己所有的经历都写上去，让用人单位挑选，但是这样的简历往往会给人留下没有重点的印象，在与其他求职者竞争时没有竞争力。一般来说，用人单位期望通过简历对求职者有一个基本的了解。对于大学生而言，他们缺少实际的操作经验，因此很难通过简历来判断其能力，尽管简历上的内容再多也不会产生实际的工作成果，无法让用人单位信服。而雇主也会收到大量的求职者的履历，一份又一份长长的履历，足以让招聘人员看得眼花缭乱。因此，大学生的简历最好不超过两页，一张是基本履历，一张是求职信。

（2）用优质纸张打印简历。很多应聘者都喜欢用廉价、粗糙的纸打印简历来节省开支。专家对此提醒求职者，应聘者的履历送到企业后，企业通常会将履历复制多份，交给如人事经理或企业高层领导进行审阅。一些在粗糙的纸上印刷的简历一开始看起来很好，但是当复印多次之后，简历就会看不清楚了。因此，最好选择高质量的纸张打印简历。

（3）用推荐信取代求职信。由于应聘者通常会在自己的履历上附上一封一成不变的自荐信，这使得应聘者很难引起人力资源主管的注意。针对这种情况，可以将求职信改为推荐信。不管是大学生还是硕士生，如果能请到自己的导师写一封推荐信，尤其是这位导师还是一位业内知名的专家，那么一封内容简单的推荐信，往往能够起到很好的作用。

（4）写明求职意向。很多求职者常常不把自己的工作意图写进履历，以避免职业限制。专家表示，当他们在负责人力资源招聘的时候，除非是条件特别优异的人，否则通常不会考虑没有任何求职意向的履历。人力资源主管会负责很多事情，非常忙碌，通常来说没有时间和精力来了解和研究应聘者适合哪个岗位。鉴于此，求职者应该在简历中写明求职意向。求职意向应该明确，具体到岗位，并且进行打印。实际上，有一些学生在求职意向上写得非常模糊和抽象，如“企事业单位及政府机关”；有的学生会在求职现场填写求职意向。以上两种情况一般会给用人单位一种求职者不知道要做什么也不明白能做好什么的印象，不利于求职者就业。

（二）求职信的制作

求职自荐信又叫自我推荐书，主要表述求职者的主观愿望与专业特长等。目的是以突出的个人特征、求职意向来说服和打动招聘者。求职信要简短，要能引人入胜，切忌面面俱到、内容空泛冗长。求职信不可过分吹嘘自己，从求职信中不仅能看出一个人的经历，也能看出一个人的品格。还有非常重要的一点，就是求职信中不要出现错别字。其书写内容应当包括以下部分。

开头部分是对招聘单位负责部门领导人的称呼和自我的简明介绍。对招聘单位负责人的称呼一定要正规，一般是尊敬地称呼其职务。自我介绍主要是讲明自己的身份和要应聘的岗位。

主体部分包括三项内容：个人基本情况介绍、个人综合素质和特长优势介绍、个人的社会经验和具有的潜能介绍。

结语部分应包含这样几层意思：简述个人对应聘单位的良好印象；恰当表述自己求职的迫切心情和愿望；恳请用人单位考虑自己的请求，并热切希望对方能予以答复和提供面谈的机会；最后表达自己的感谢之意。

第三节　面试技巧和面试礼仪

一、求职面试技巧分析

（一）面试前的准备

1．了解面试的基本程序

一般来说，面试需要经过以下基本程序。

（1）招聘单位审核申请材料，确定面试名单。当招聘单位接到求职者的申请材料后，要对申请材料进行审核，然后确定面试名单。

（2）招聘单位通知求职者参加面试。

在确定了求职者面试的名单之后，公司会将面试的时间和地点等信息告知求职者。面试地点的选择，基本遵循“就地、就近、方便”的原则。一般来说，通知面试的方式有两种：一是先通知学校就业主管部门，然后由就业主管部门通知学生；二是直接通知学生本人。

（3）求职者参加面试。求职者在接到面试通知后按照通知规定的时间、地点参加面试。

2．了解常见的面试方式

面试也称面谈、口试，它指的是在规定的时间与空间内，招聘单位对应聘者进行面对面考试的方式，它的主要目的是解决笔试中难以完成的考试任务。比如，对求职者的实际问题处理能力、处理应变能力、语言沟通与表达能力、自我控制能力、逻辑思维能力、性格特点等方面进行深入了解。以下列举几个常见的面试方式。

第一，初试性面试。招聘单位在面对很多应聘者的时候，一般希望通过面试来从中选择出条件相对较好的面试者，以进行复试，这种类型的面试一般是一对一的，主要对应聘者的背景进行基本的了解，同时对求职者的谈吐、风度以及语言表达和问题解决与应对能力进行考察。

第二，标准化面试。这种面试方式是一对一面试或者多对一面试，求职者可能会被一个招聘者进行面试，也有可能会被多个招聘者组成的招聘团进行面试。这种面试方式有着非常标准的流程，严格规定面试的题目、程序、时间、评分标准、分数统计、考官组成等。考官不能对试题进行随意的删减，最多是在试题的范围之内提出问题，这也被称为结构化面试。在这种面试方式中，每一位求职者都面临相同的问题，这就减少了考官的个人主观因素，更容易做到公平公正。

第三，压力式面试。是指招聘人员会对求职者施压，主要是针对一系列的问题进行不断的发问，还会追根问底，直到求职者不能作答为止。有甚者还会故意刺激求职者，观察求职者在突然出现的压力之下是否能够作出适当的反应，以此来考察求职者的才能和应变能力。

第四，无领导小组讨论。主要指的是一种集体面试的方式，由考官提出问题，然后由小组成员进行自由发言与讨论，考官根据小组中每一个成员的表现进行评分，并且制作成表格，按照评分项目进行记录。具体的评分项目有小组成员发言的次数，以及所提出的意见的质量，还包含独到性、引导性、合作性、概括性等方面的考察以及对语言表达能力和领导能力、领导风度的评分。一般来说，小组成员为 5 到 7 个人，需要注意让每个人都有可以发言的机会。

3. 了解用人单位的情况

一般来说，用人单位大多不愿意录用那些对本单位一无所知的应聘者，相反，如果面试时应聘者对招聘单位的情况比较了解，说明应聘者对这个单位比较重视、有好感，将来工作会有较高的积极性。因此，应聘者首先要对即将面试的单位有尽可能多的了解。

（1）了解招聘单位的基本情况。应聘者要了解招聘单位的性质、规模、主要业务、生产经营状况、历史沿革、现实面貌、发展前景、市场竞争能力、主要竞争对手、人才结构，特别是要了解招聘单位哪些岗位人员不足，需要补充什么样的人才，补充人员需要具备什么样的条件等。

（2）了解负责招聘或面试的工作人员的情况。在面试前，应聘者最好调查清楚招聘者的类型，根据招聘者的特点准备材料，有的放矢。要了解招聘者的人品、作风、专业、性格、爱好等，以便在面试过程中能尽快地缩短与他们的距离，不同的招聘者有不同的心态，因此应聘者所应用的策略也要有所不同。

4. 面试资料的准备

资料充分、有条有理，可以让主试人觉得应聘者处事周到而有条理。面试时应该考虑准备以下资料。

（1）申请书的复印件。主试人通常会就申请表上的资料发问，也可能会提到一些资料，所以带一份复印件，不仅可以更快掌握主试人的问题，也可以避免自己忘记了所填报的资料而陷于尴尬的境地。

（2）相关材料的原件、复印件。递交申请书时只需送上可以证明自己学历、能力的相关文件的复印件，原件自己收藏，但面试应带上原件，以备主试人查阅。如果还有在递交申请书时没有附上的证明材料，要把原件与复印件都带上。

（3）装上述文件的纸袋或文件袋。要整理好装上述文件的纸袋或文件袋，并把所有文件标记好，整齐排列，以备使用（在面试中左翻右翻地找一份文件，面试官不会对其产生好印象）。

（4）其他与所申请的单位有关的小册子和资料。面试时要把其他与所申请的单位有关的小册子和资料带上，如年报、有关委员会的报告等，这样做不仅可以在等待时重温资料，还可以给主试人留下好印象。

5. 心理准备

面试的过程是一个复杂的心理变化过程，成功的关键在于自己优秀的素质以及良好的临场发挥。择业前要进行心理调适，克服紧张情绪，并排除心理干扰。面试时要放松，这样才能发挥最佳的水平，取得理想的面试结果。同时还要保证充足的睡眠以保持良好状态。

（二）面试时应注意的问题

如果想在面试答辩中取得成功，就需要着重注意以下几个问题。

1. 淡化面试的成败意识

一位面试者在面试前认为自己各方面都比别人优秀，因此他认为自己可以高枕无忧了。谁知主考官在面试中出其不意，提了一个他前所未闻的问题。顿时，他像失了魂似的，情绪十分低落。等到主考官再提些简单的问题时，他仍无法从刚才的失败中走出来，最终名落孙山。应聘者首先在思想上应注意淡化面试的成败，要有一种“不以物喜，不以己悲”的超然态度。只有在面试中保持这样的心态，才会处变不惊。如果只想到成功，没想到失败，那么在面试中一遇到意外情况就会惊慌失措，从而一败涂地。

2. 保持自信

在面试之前，求职者应该保持自信，在面试的时候也应该如此。求职者只有保持自信才能在面试中保持高度的注意力，发挥稳定的水平，借助敏锐的判断力、缜密的思维力、充沛的精力获得面试的成功。

3. 保持愉悦的精神状态

人的精神面貌最能体现在愉悦的精神状态上。因此，对于求职者而言，只有保持轻松愉悦的精神状态，才能在面试的过程中保持面部的协调与自然，才能保证自己的语言自然流畅，否则会给人一种缺乏朝气与活力的感受，会给招聘者留下精神状态不好的印象。鉴于此，求职者在面试的过程中应该保持轻松愉悦的精神状态。

4. 树立对方意识

一般来说，求职者在面试中处于被动地位，招聘者处于主动地位，主要是通过一问一答进行面试。因此，作为求职者应该树立起对方意识。

第一，应该尊重对方，对招聘者要保持谦逊和礼貌，尤其在面对招聘者提出的一些很难回答的问题时，应该保持镇定，不要抱怨或者露出难看的表情。当然，我们所提到的尊重，并非是对对方一味地迎合与讨好，主要是对其人格的尊重。

第二，在进行面试的过程中，不能一直强调“我”的学识、“我”的水平、“我”的抱负、“我”的文凭、“我”的要求等。因为，如果在面试中“我”字用得多了，反而会让人觉得这是一种目中无人的表现。所以，“我”这个字要尽量少用，应尽量在语言表达中多提到对方单位，如“贵单位向来重视人才，这一点大家都是清楚的，这次这么多人来竞争就说明了这一点”。这样的回答很合适，也很有说服力，很受招聘者的欢迎。

第三，在招聘者提问之后进行回答，要避免考官还没有问问题，就抢先说了，这样不仅会浪费时间，也会让招聘者觉得不舒服。不仅如此，在面试结束之后，一定要对考官说一句“谢谢”之类的感谢话语。

5. 面试语言要简洁流畅

在面试中的语言应该保持流畅简洁，在语言表达上要有条理、有逻辑、有节奏感。在回答问题的时候不要含糊不清，这样会给招聘者留下不好的印象，影响面试结果。所以，应聘者在面试中必须保持语言的简洁与流畅，具有逻辑。

6. 不要紧张

尽管在面试之前，应聘者已经做足了心理建设，做好了充分的心理准备，但是一旦进入面试环节，还是非常容易紧张，甚至会出现“卡壳”现象。如何处理心理紧张的情况？要对紧张的原因进行分析。主要原因在于应聘者的卑怯心理和渴望成功的心。所以，一进入面试环节，应聘者就要消除“自惭形秽”的感觉，树立起“大家都差不多，我和他们的水平是一致的”的意识，这样紧张感就会减轻许多，紧张情绪伴随着面试开始可能会消失。如果在面试中遇到一些“卡壳”问题，可以秉承“能赢最好，不能赢也没关系”的心态，有助于缓解紧张的情绪，可以很快进入面试的状态，甚至可以取得更好的表现成绩。因此，应聘者在面试时不能太过紧张。

7. 仪态大方，举止得体

在面试的时候，应聘者应该保持良好的仪态，保持得体的举止动作，不能出现晃腿、玩笔、摸脑袋、吐舌头之类的小动作，这非常容易给招聘者留下幼稚、轻佻的印象。通常情况下，衣着要尽量端庄，可以稍微修饰一下，男士可以把头发吹得整齐、女士可以画一个职业淡妆。简而言之，应该给招聘者带来一种大方、自然、干练的感觉。

8. 平视考官，不卑不亢

在面试的时候，很多应聘者不能很好地控制自己的情绪，非常容易出现两个极端：一是对自己不自信，妄自菲薄，他们认为对面的考官学识渊博、地位崇高，一旦答错就会被人嘲笑。于是，在回答问题的时候战战兢兢、欲言又止，虽然知道怎么回答，但就是答不出来。二是过于自信，这些人中有一部分曾经在学校中担任学生干部，经常组织各种活动，或者在公司中担当过领导职务，所以他们对自己很有信心，在面试的时候目中无人，对招牌方嗤之以鼻。以上这两种表现都是不可取的、不适宜的，最终会对求职者的面试成绩造成影响。最佳的表现应该是对考官不卑不亢，平视考官。

9．冷静思考，厘清思路

通常情况下，当考官提问之后，考生应该稍微考虑一下，不要急着作答。就算提前准备的问题与考官问的问题非常相似，也不能一问完就回答，那样会给考官造成一种求职者只是在背诵答案，并非是在用大脑思考的感觉。如果求职者需要回答的是从来没有遇到过的问题，那么就必须要保持冷静。仓促回答可能不符合逻辑，东拉西扯，毫无条理。在回答问题之前，先厘清思路，然后抓住重点，有层次地回答问题。

（三）面试禁忌

1．面试中，忌不良用语

（1）迫不及待地询问福利待遇，如“你们的福利如何？”谈工资、谈待遇，在时间上要把握好，通常是在双方已经有了初步意向的情况下，再委婉地提出来。

（2）说有认识的人，如“我认识某某单位的某某”“某某是我的同学，关系很好”之类的。主考官听到这样的话，肯定会很反感，尤其是主考官跟所提到的人的关系并不是很好的时候，或者是他们之间发生了冲突的时候，那就更糟糕了。

（3）不恰当的提问方式。当主考官问道：“你对薪水的期望是什么？”应聘者会回答：“您打算给我多少钱？”这种问题是非常无礼的，也会让主考官感到反感。

（4）不符合常理与逻辑。主考官问道：“可否谈谈你的失败经验？”“我记不起来我曾经失败过。”若如此回答，则不合常理，也不符合逻辑。再比如主考官问：“你的优点和缺点是什么？”应聘者回答“我能做任何工作”，这是不现实的，也是不符合实际情况的。

2．面试中，忌不良习惯

有些应聘者在面试过程中表现得非常不拘小节，出现了很多的不良习惯，这给自己在面试中的形象造成了很大的损害，影响了面试的效果，最终导致了面试的失败。

手：此部位最容易出现问题，如两只手老是不安、忙乱，或是玩弄领带，或是挖鼻，或是摸头发，或是玩弄考官递来的名片，有着非常多的小动作。

脚：非常容易出现无意识地晃动、前伸、翘起等动作，让求职者看起来十分无礼。

眼：要么是惊慌，要么是躲闪，在应该直视的时候，眼神却是飘忽不定的，给人一种不够自信，或者有什么不可告人的秘密的感觉，这很容易引起考官的反感。而且还非常容易出现一直看着考官的情况，也会让考官觉得压力很大。

脸：要么是呆滞僵硬，要么是冷若冰霜，应聘者应该保持一张充满活力的面孔，这非常重要。

行：有的应聘者手足无措、惊慌失措，显然信心不足；有的应聘者反应缓慢，这样会被考官“看低”。

总而言之，在面试中，我们必须改变以上的不良习惯，并且始终要做到彬彬有礼、大方得体、不卑不亢、语言生动，有着良好的言谈举止。这不仅能极大地改善应聘者在招聘者心中的印象，还能极大地提高面试的成功率。

（四）面试技巧

1. 应聘者语言运用的技巧

在面试中，应聘者的语言表达艺术代表着其所具备的综合素养。因此，对于应聘者来说，掌握语言表达的技巧是至关重要的，是取得成功的重要举措，具体来说，在面试中，应该恰当使用如下谈话技巧。

（1）发音清楚，语言表达流畅，举止得体。在与人交流的时候，一定要保证自己吐字清楚、发音准确，同时也要注意自己的语速，避免出现口齿不清的情况，保证语言的流畅。要使语言更加优美、更具魅力，就必须讲究优美的修辞，避免使用俗语和口头禅，避免使用不文明的词语。

（2）声音平静，语调适当，语气平和，保证声音大小适度。应聘者在面试过程中，要注意正确地使用语言、语调和语气。问候时，应使用较高的声调、较重的语气来吸引对方的注意力。在介绍自己的时候，最好是用一种比较温和的语气，最好不要使用祈使句或者感叹语气。在面试的时候，如果声音太大，会让人感到厌烦；声音太小，则很难让人听清楚讲话内容，应聘者应该根据当前的面试情况来选择合适的音量。如果两个人进行面谈的时候距离相对较远，音量可以适当加大，群体面试中如果场地非常开阔也需要使用较大的声音；如果两个人进行面谈的时候距离相对较近，音量可以适当降低，以每个面试官都能听到讲话内容为原则。

(3) 用词含蓄，语言诙谐幽默。在讲话的过程中，除了要清楚地表达自己的想法和观点，还可以在适当的时候插入一些幽默的语言，为面试营造一种轻松愉悦的氛围，同时还能展现出自己的独特气质。特别是在面对难题的时候，用诙谐的话语来表现自身的聪明才智，既能化解当前面试中的困境，又能给对方留下一个好印象。

2. 应聘者手势运用的技巧

事实上，我们在日常的交流中，都会有意无意地用手势来表达自己的意思，在面试中正确运用手势非常重要。

当应聘者和别人说话时，要将注意力放到与对方的谈话上，并认真倾听。当对方感觉到他们的对话被注意并被了解时，对方就会高兴地全神贯注地倾听应聘者的回答内容，并且对应聘者产生好感。

3. 应聘者回答问题的技巧

(1) 抓住要点，做到言简意赅、有理有据、条理清晰。在回答问题时，通常都是以结论为主，以论点为辅。首先要把自己的中心思想说清楚，之后进行观点的叙述和论证；不然说了很多，最后才到结论，会让考官摸不着头脑、抓不到要点。因为时间紧迫，大家都很紧张，说多了反而会容易跑题，让人觉得主题不明确，中心思想被遗落。

(2) 对原委阐述清楚，切忌抽象。招聘者在询问时，总希望能得到更多的关于应聘者的详细信息，因此应聘者不能只是用简单的“是”或“否”来回复。应聘者应该根据招聘者所提出的不同问题，有针对性地说明理由，甚至明确说明程度。不讲原委、不说缘由、太过抽象的答案，很难让招聘者产生直观和具体的印象。

(3) 对问题进行明确，避免回答与所问无关的内容。在面试过程中，如果应聘者对用人单位提出的问题没有把握，以至于不知道该从哪里回答，或者很难明白对方问题的意思，那么应聘者可以将问题重复一遍，并且首先说出自己对这一问题的理解，然后向对方请教，以确定问题的内容。对于不是很清晰和明确的问题，必须要弄明白，才能有针对性地回答，避免出现答非所问的情况。

（4）具有独到的见解和个性。用人单位有时会接待多名应聘者，对同样的问题要问很多遍，因此也会出现很多相似的回答。所以，用人单位会有枯燥乏味的感觉。应聘者只有在回答问题时有自己独特的见解、有自己的特点，才能引起招聘者的注意。

4. 应聘者消除紧张的技巧

对于应聘者来说，面试的成败直接影响着未来，因此在面试过程中，他们很容易感到紧张。甚至出现一些毕业生会因为压力过大而不能参加面试的情况，所以对于学生来说，一定要做好心理准备。在此，为了帮助应聘者克服过度紧张的情绪，提出一些方法。

应聘者在进行面试之前，可以先阅读一本轻松，风趣的杂志读物。在这种情况下，通过阅读书籍杂志，能够将注意力转移到其他方面，从而调节自己的情绪，克服面试前的怯场心理，避免在等待的时候出现过度紧张、焦虑的情绪；在面试的过程中，要注意对谈话节奏进行控制。应聘者在进入面试场地致礼落座后，如果觉得紧张，就不要急着说话，而是应专心地听完招聘者的问题，然后慢慢地回答。通常情况下，当人在紧张的时候，说话的速度会无意识地加快，如果说话的速度太快，不仅会让对方听不清楚，还会给人一种慌乱的印象。说话太快很可能会出现失误，甚至会结巴，从而加重紧张，让思绪变得混乱。反之，说话太慢、太无趣、太乏味，也会让对方感到厌烦。为了防止这种情况的发生，在一开始的时候，应聘者可以刻意地放缓语速，在进入状态后，再适当提速。通过这种方式，不仅能平复心情，还能营造良好的面试氛围。

此外，也要对面试中出现的错误与失败有一个正确的认识。在面试谈话中，由于紧张而说错话是在所难免的，而且面试也不是一次就一定能成功。在这种情况下，不能放弃和气馁，虽然出现了一时的失误，但这并不意味着失败，我们需要挑战和战胜自己，不能轻易放弃。在面试失败之后应该积极分析失败原因，总结经验教训，重新振作，准备好迎接下一次的面试。

二、求职面试礼仪分析

（一）面试前的修饰

对于一个人来说，若想给别人留下深刻印象，最好穿戴整齐，这样做的原因何在？因为当你的外表看起来不大好时，内心通常也不会很清爽愉悦。当外表呈现出完美的状态时，心情也会变得愉悦无比，感受到内心的踏实和自信，在说话时也会更有底气。如果能将这一心理状态保持下去的话，那么无论是在日常生活中，还是在求职应聘时，一定会得到更多的肯定和青睐。在我们的日常生活中，在某些场合，我们的着装可能与周围的人或环境格格不入，因此可能会感到尴尬。而当这种情况发生在面试时，我们的心情难免会变得紧张，因此必须采取预防措施来避免类似的心理障碍的发生。面试是人才选拔过程中最重要的一环，是决定能否录用人员的重要环节。虽然面试的重点在于考察应聘者的内在素养，但实践证明，应聘者所呈现的形象往往也十分重要。从心理学角度看，良好的仪表不仅是一种外在的外表标志，还是一种内在修养的综合反映。此外，在人际交往中，端庄的仪态和整洁的着装体现了对他人和社会的尊重，同时也反映了一个人的精神状态和文明程度，因此在面试中，这也成了衡量人品的重要指标。

1.须发

在进行面试时，请务必保持头发的自然状态，不要让其呈现出任何不寻常的形态，干净整洁即可，不可过于招摇、标新立异。对于男同学而言，头发要保持整齐、干净和自然，能展现出他的整个面容。对于女同学而言，尽量不宜过多地使用头饰或装束，而应适度卷束，披肩发型也应当遵循大众化原则。在面试的时候，应该秉持大方自然的原则，大学生应该选择符合学生身份的发型。学生一定要注意给面试官留下一种好印象，在面试之前可以将一把小巧的梳子和一面精致的镜子放在口袋里，在到达面试地点的时候，可以整理一下自己的形象，以免给面试官留下不好的印象。无论是男性还是女性，在面试的时候都要注意自己的仪容整洁。在进行面试之前，有胡子的男生应尽量将其除去，否则可能会使考官感到不礼貌。

2.服装

在面试的时候，服装也是一个很重要的注意事项。招聘单位不仅注重应聘者的能力，也同样重视其外表所留下的印象。那么，应聘者应该如何塑造自己的形象呢？尽管许多人深知初次印象的重要性，但要在初次见面中有出色的表现却是一项艰巨的任务，而服饰则是塑造初次印象的至关重要的因素。在面试开始时，大方优雅的外表不仅能够给考官留下深刻的印象，更重要的是，它能够使考官知晓应聘者对于此次面试的重视，从而形成一种积极的评价。

在正式的面试场合中，着装应当与所处的气氛相适应、相一致。面试的首要目标就是使考官认可自己，从而录用自己。那么在求职过程中如何才能获得考官的认可与青睐呢？通常情况下，用人单位的考官往往拥有丰富的职场经验，社会阅历丰富，行事严谨，对传统的价值观念有着相当程度的认同，他们更倾向于聘用那些符合他们的传统观念的人，因此毕业生尽可能不要选择那些样式奇特、色彩艳丽、图案零乱的服装，应该选择穿着风格更为传统、符合大众潮流的服装。毕业生应当根据用人单位的实际情况，综合考虑用人单位工作人员的着装风格、个人特点等多方面因素，以确定自己的服装风格，从而达到最佳效果。当然，毕业生亦可向导师等人请教。

在选择服装时，需要考虑具体情况，然后具体分析。通常情况下，对于男生来说，可以选择一套深蓝色或灰色的西装，而更正式的选择是三件套——西装、西装背心和西裤，两件套次之。在穿着西装时，衣袋中应该尽量避免放置物品，因为这样会导致衣袋变形，从而影响做工考究的西服的整体风格。如果要携带一些比较重要的东西，不妨把它放在一个票夹里，如零钱和证件等，对于一些没有必要带的东西，就尽量不要将它带在身上。穿着的衬衫的领子应当是硬领的，领子应当保持干净整洁。如果是旧衬衫则应及时更换，也最好不要选择新衬衫，因为前者体现了应聘者过于拮据，而后者则暴露了有意修饰的痕迹，因此在出席正式场合时，应选择八九成新的长袖衬衫，主要以白色与浅灰色为主。在穿衬衫的时候，要将衣扣整齐地扣好，不得暴露内衣、内裤、衬衣等，将衬衫的下摆置于裤腰之内。相对而言，女性可穿着的服饰更加灵活，可以选择色彩相宜的衬衫和半截裙，也可以选择剪裁得体的西装套裙，等等。在面试的时候，尽量不要选择过于宽松的服装或者是 T 恤衫等。无论是男性还是女性，都需要对材料进行精细的挑选，面料质量的好坏决定了穿着后是否能保持整洁舒适，优质的织物材料能够为剪裁合体的服装提供更加贴身、相得益彰的质感，以确保与周围环境相契合。

服装的色彩因季节而异，在不同的季节可以选择相适宜的颜色，另外，每个人都应该选择与其性格相得益彰的颜色来搭配。比如，在夏季，由于天气炎热干燥，应该选择能给人带来凉爽的感觉的颜色，如青、绿、白、灰、紫等，这样可以缓解夏日炎热气候所带来的烦恼和不适。在选择冬季服装时，应当优先考虑暖色调，如红、黄、橙等，这样可以与天寒地冻的单一色调互补。此外，根据毕业生的性格特点，他们也可以选择不同颜色的服装，性格温和的人可以穿浅色衣服，性格急躁的人可以着蓝色衣服；性格外向的男同学可以选择西装，性格外向的女同学则可以选择深色衣服；等等。总的来说，为了避免考官察觉到毕业生的性格缺陷，应该通过服饰来掩盖这些缺陷，以尽可能减少他们的注意力。另外，在选择服装的颜色时，还要考虑其职业特点，对于老师来说，若穿着色彩鲜艳、款式新颖的服装，不仅会分散学生的注意力，还可能引起学生的模仿，不利于正常的教学，因此从事此工作的人应选择简约素雅、稳重大气的服装。对于其他行业来说，也要根据具体环境和岗位来选择服装。如果求职者没有明确的求职方向，盲目追求时髦，那么将使他们在面试中陷入误区，甚至失去应聘机会。此外，在着装方面，需要特别留意以下几点，以确保面试的顺利进行。

（1）避免穿着那些不符合大众审美标准的服装。特别是对于女性而言，低胸上衣、超短裙、贴身衣裤等服饰并不适宜穿着。

（2）所有的运动服、拖鞋等都不适合面试时穿着，请勿随意着装。无论天气如何炎热，都尽量不要穿着短裤、背心等衣物；无论天气如何寒冷，在面试室内都尽量不要佩戴手套、口罩、耳套等，否则容易使面试官认为应聘者对其没有足够的尊重。

（3）对于那些尚未穿过的全新服饰，建议避免穿着。因为可能那身衣服并不适合，穿着之后会有些不适或者不熟悉的感觉，从而使应聘者更加紧张。在面试这个庄重的场合，如果穿着完全不适应的衣服，不仅会让应聘者感到有些不适，还会让考官感到不自在。

3. 领带

通常情况下，在面试的场合中，佩戴领带是男士展现精神状态的最佳方式，能够显得更加精神干练。领带是用来塑造形象的一种手段，它不仅能显示出一个人的气质和风度，而且能给人留下深刻的印象。在佩戴领带的时候不能简单地

"一刷、一拍、一捋"，而是要使领带整洁平整、稳固端正，不可松散。领带与西装相配时，还可以配以合适的胸针和袖扣。在色彩搭配方面，需谨记"美即和谐"的观点，切勿追求独辟蹊径，以免过度创新。

4. 鞋袜

在穿着皮鞋的时候，一定要记得系紧鞋带，仔细地擦去皮鞋上面的污渍，上油刷亮，对于男士来说，还要注意袜子颜色一般不应比裤子浅；对于女性来说，这样能够展现出一种职业女性的气质。

5. 化妆

对于女同学而言，在面试之前化妆是必不可少的一环，然而要尽可能化一种比较淡雅的妆容，不要化得过浓，否则容易让人感到不适，同时眼线和口红也不能过深。对于男同学而言，化妆并不是必要的，但是必须彻底刮净胡须。另外，在喷洒香水时要适量，不要太淡或太重，以营造出一种自然的感受。

在佩戴耳环、耳坠、项链、戒指、手镯等饰品的时候，不要选择过多，以免累赘，可以选取一两件，避免看上去过于杂乱，喧宾夺主。

在到达用人单位之前的几分钟内，建议进行最后一次全面检查，以确保不会出现任何错误。在仪表方面，必须秉持一项原则，即不应将自己打扮得过于成熟老成，而应保持大学生那种朝气与活力，让考官感受到他们的学生气息。当然，也不能过分夸张，否则容易给对方留下不好的印象。在打扮时，必须明确自己作为学生的身份，并意识到自己正在参加应聘面试，要认真对待。

手作为人体中最具活力的器官之一，常常成为人们视线的中心。所以，在求职择业时，一定要注意手的整洁。在面试前，虽然化妆并不是必要的，但彻底清洗双手、修剪指甲却是不可或缺的步骤。指甲通常不宜过长，与指尖等长即可，其中不能有油渍污泥。对于职业女性而言，为了确保办公室设备的正常操作，应当避免留过长的指甲，因为这可能会对设备的稳定性产生负面影响。

（二）面试礼仪

在短暂的面试时间里，运用好"印象管理"，不仅能表达出求职者"认真对待求职"的态度，更能体现出求职者在学识、品格、个性、情感、心态等方面的优势，在成功求职的道路上迈出坚实的第一步。

1. 外在形象礼仪

求职面试前要设计好自己的形象。求职者形象给面试官留下的印象好坏，常常关系到求职的成败。

第一，着装一定要三思而后行，做到整洁、大方、得体。如果衣着不整、邋里邋遢、不修边幅、稀奇古怪，会被认为作风拖沓、生活懒散、社会责任感不强，难以得到面试官的信任。应聘者应根据所应聘的工作性质和类型，确定自己的穿着。对于在校学生而言，在应聘一般职位时，不必拘泥于时装或名牌，只需展现出大方得体的风范即可。注意不要穿着袖口或裤脚折边已经破损或开线的服装；不要穿着过于暴露性感的服装；等等。

第二，在面试时，不要出现蓬头垢面的情况。对于女性来说，使头发保持干净自然为宜。对于男性来说，最好选择简约、利落、庄重的发型，尽量避免长发、卷发、光头或中分。

2. 行为举止

在面试过程中，举止得体是必不可少的。求职者的举止动作必须符合身份、场合，能够准确地传达其个人意图。

在人际交往中，大约有 80 % 的信息是通过一种无声的“第二语言”——行为举止来传递的。因此，一个人的举止修养会影响他与别人交往的质量和效果。在面试过程中，面试者的举止应自然大方，必须站得端正、直立挺拔，还要端正坐姿。除此之外，还需留意以下两个要点。

（1）不要优柔寡断、犹豫不决。通常情况下，求职者在求职过程中犹豫不决的态度是不明智的，如果在面试中表现出犹豫，不仅会给自己带来心理上的压力，还会使主考官对其信心产生怀疑，认为其对所在单位的信任度不高，甚至对其工作作风和实际能力产生怀疑。

（2）在面试的时候请勿结伴同行，请勿让他人陪同入场，以免产生不必要的干扰。因为，他人在场可能会影响到你的情绪。这种做法对求职者带来的负面影响是不容忽视的。此外，还可能会给考官留下自信心和独立性不强的印象，从而容易被淘汰。所以，面试时，“亲友团”还是不带为妙。千万不要以“情侣档”或父母陪同的形式前去面试。

3. 见面礼仪

面试时要处处注意礼节，特别要注意以下 2 点。

（1）遵守时间和约定。面试的时候一定要在规定的时间内到达，如果无法到达，一定要打电话通知面试官，并向面试官解释理由，从而使面试顺利进行。在面试过程中，必须严格遵守时间规定，因为迟到和违约都是对主考官的不尊重和不礼貌的体现。在面试前，建议求职者提前约 15 分钟抵达面试地点，以表达他们的真诚和重视。

（2）以礼相待，面试时要注意细节，恰当地表达礼貌，第一，入室敲门；第二，面带微笑；第三，“请”才入座。

4. 应答礼仪

求职面试的核心在于回答问题，因此求职者必须注意言辞。在交谈过程中，必须遵循相应的准则和礼仪规范，保证文明礼貌、语言连贯、内容简洁。只有这样，才能顺利地与招聘者进行交谈并得到对方的信任。此外，需特别留意以下 4 个要点。

（1）在自我介绍时一定不要过于拖沓，切勿拖泥带水。在开始阶段应尽量用简短的话介绍自己，需要注意分寸，避免使用背诵或朗读的方式，因为这样做只会让主考官感到索然无味。在大约 2 分钟的时间内，要根据所应聘的职位，有针对性地介绍与之相关的学历、经验、能力和个性特征等方面，向面试官展现自己与这份职位的匹配度。应尽可能在短时间内向考官展示求职者的才干、特长和能力，切勿盲目拖沓耗时。

（2）遇事冷静，机智作答。求职应聘不同于日常交往，它是一种被动的检测性对话，虽然可能事先做好了充分的准备，但针对面试官提出的各种各样的问题，还是需要冷静下来，仔细思考，然后作出回答。

（3）诚实坦率。有时候头脑中真实的想法，就是成功的法宝。在面试中，如果遇到实在不会回答或不懂的问题，应坦诚相告。

（4）关于薪金问题。在面试中谈论薪金的时候，往往需要注意这几个要点。首先，在与招聘者进行面谈之前，求职者可以先了解该行业的一般待遇和工资收入情况，以便摸清楚基本情况，同招聘者交谈的时候也可以有一个基本的了解，从而提出一些具体要求。其次，要把握好时机，在恰当的时间节点进行谈论。在初次与招聘者会面时，求职者不应轻率地谈论待遇问题，而应该掌握恰当的时机和技巧。在招聘者表达合作意向之后，就可以探讨薪酬问题，根据所掌握的相关信息，表达出自己所能接受的最低薪资和期望获得的最高月薪。切记，请勿言辞过于死板，应给予对方和自己足够的余地，以便取得双方满意的结果。

5. 告别礼仪

在面试过程中，需特别留意对方所传递的结束谈话的暗示，并在适当时机以礼貌的方式告别。即便未能通过面试，也应以微笑的姿态向主考官表达感激之情。

（三）面试礼仪的注意事项

1. 面试礼仪一：时间观念是第一道题

在面试的时候，时间观念十分重要，一定要准时到达面试地点，提前 10～15 分钟最佳。在面试过程中迟到或仓促到达会带来较为严重后果，如果迟到，无论出于何种原因，都会被视为缺乏自我管理和自我约束能力，即缺乏职业素养，这将给招聘者留下极为不良的印象。无论出于何种原因，迟到都会对个人形象产生负面影响，这是一项涉及对他人和自身的尊重的议题。在大公司里，往往有许多人参加面试，在这个时候如果不按时到岗，那就意味着与这次的职位失之交臂。因为这是面试的首道题目，如果迟到的话，其分值将被直接扣除，而且由于状态不佳，后续也可能会出现失误。

如果距离面试的公司路程较远的话，宁可早到那里等待面试，也不要迟到。由于城市规模庞大，道路交通拥堵现象普遍存在，前往面试公司的路途往往会比较陌生，有可能会迷失方向。因此，面试时尽量安排一些时间提前到达公司，十分有必要。不过，到了面试地点之后不要直接进入面试的办公室，而是尽量在面试前 10 分钟左右再出现，否则可能会给聘用者带来不便，因此建议不要过早进入办公室。另外，在面试前，最好先确定一下自己的能力是否符合公司要求，并将这些信息写下来保存好，以备面试时参考。通常情况下，企业的老板会按照预定的时间安排面试，不会提前。当然，如果提前通知了大量人员前来面试，早到者可以选择提前面试或在空闲的会议室等待，这一点则需要另行考虑。面试前一定要做好充分准备，对于那些地理位置复杂、距离较远的面试地点，建议先进行一次交通线路和地形的熟悉，甚至搞清楚洗手间的位置。

2．面试礼仪二：进入面试单位的第一形象

在抵达办公区后，最好不要四处张望、过于好奇，或径直前往面试场所，以免给公司内的人员留下不好的印象；在进入公司之前，避免口里嚼着口香糖或吸烟，应该将口香糖和香烟收起来；尽量避免使用手机，集中注意力，等待接下来的挑战。面试前一定要做好准备工作，提前了解公司情况及员工基本信息，如年龄、学历、职称等。在进入面试单位后，如果有前台，可以直接表明来意，然后在指定区域进行等待，如果你没有前台，那么就需要寻求工作人员的帮助。进入公司之后，先与面试官进行一次简单的交流。在面试过程中，需要注意使用文明用语，这代表着一种良好的教养。在面试官推开办公室门的那一刻，我们不能轻率地闯入其中，而是应该以一种彬彬有礼的方式向面试官表明是前来参加面试的；面试过程中尽量不要与其他应聘者说话，以免引起不必要的纠纷；不要对该面试单位进行任何形式的评价；不要驻足观察其他员工的工作表现，也不要在就座后对员工所讨论的议题或接听的电话发表任何见解或评论，以免给人留下不好的印象。

3．面试礼仪三：等待面试时的表现不容忽视

在公司前台要进行报备，自己的名字、访问的主题、有无约定等都要进行详细的报告。在抵达面试地点后，不要过于焦急、东张西望，务必要在等候室内耐心等待，保持肃静，以充分准备迎接面试的挑战。在开始面试的时候，有的面试官为了确保面试顺利进入实质性阶段，可能会省略一些介绍步骤，直接准备公司的介绍材料，然后将之递给求职者。在这种情况下，求职者应该仔细阅读，以便及早了解公司的情况，避免浮躁与不安。在公司中的其他人谈话的时候，求职者不要插话，也尽量不要与之谈论争辩，因为这有可能会导致应聘失败。

4．面试礼仪四：与面试官的第一个照面（把握进屋时机）

（1）把握进屋时机。在面试者进屋的时候，要把握时机，即便前一位面试者已经结束面试，若无人通知，也应在门外耐心等待，切勿擅自进入面试室。当听到自己的名字被喊到时，立即以有力的口吻回答“是”，然后在轻敲门之后进入，这是一种相当规范的操作。在敲门时，注意不要太过用力，也不要太轻，适度即可，以从门内可以听到的声音强度为准。敲门之后，要注意门内的声音，在听到回应“请进”之后再进入房门。开门关门时控制好力度，进门后不要随手甩上门，

而是要先转身，然后正对着门用手轻轻合上门。关好门后，要转过身来，向面试官鞠躬问好，说出自己的名字与其他信息，然后等待着面试官的询问，礼貌大方即可。

（2）专业化的握手。在面试过程中，握手是身体语言中最为重要的一种。双方通过握手，可以营造出一种平等、互信的和谐氛围，从而互相留下好感，并在今后交往中产生积极而又持久的影响。在握手的时候，如何进行握手、怎样握手才合适、握手的时间是多少等，都是需要考虑的问题。初次与面试官相遇时，礼貌的握手是建立第一印象的重要起点，许多企业将握手作为评估应聘者专业和自信程度的重要指标。因此，当面试官的手伸向自己时，握住面试官的手，需要确保整个手臂呈L形（90°），并有力地摇两下，然后自然地将手放下。不要把手指伸出来或缩回去，否则会使人觉得很紧张。握手应当具备坚实有力的质感，能够传递出一种强烈的情感共鸣。在握手时，要注意保持自己的形象和姿势。保持双眼的直视，然后以自信的口吻说出名字，应该表现出坚定的态度，但不要过度用力，更不要过度摇晃。在西方的公司看来，使用双手握手这种方式并不具备足够的专业素养，因此在握手时建议避免使用双手。此外，应当保持手的干燥、温暖，不能过于冷或热，也不能过于柔弱无力。在面试官与应聘者握手之前，如果手心过于凉，最好使用热水捂一下；如果比较紧张，手心发烫出汗，可以用冷水进行冲凉。

（3）无声胜有声的形体语言。一个人给别人留下什么印象，这与语言用词、音质以及非语言交流都有关，其中，非语言交流占据着十分重要的地位。可见，一个人成功与否在很大程度上取决于他是否善于运用非语言进行有效沟通，非言语交流在人际交往中扮演着至关重要的角色。一个人如果不能很好地运用各种非语言交际工具与对方进行沟通和交往，就会使自己处于不利地位。在面试过程中，巧妙地运用非语言性的沟通技巧，将会取得事半功倍的效益。无声语言是一种重要的公共关系工具，包括手势、眼神、面部语、身势语和服装等，在交流中它们发挥着声音无法比拟的效果，能展现出职业形象的更高层次。在面试中，形体语言的表现对于整体评价具有至关重要的影响，有时候，仅仅是偶然的一个眼神或手势，也可能会对评分产生显著的影响。所以说形体语言是面试成功最直接、最有力的工具之一。以下所述为形体语言的要点。

①如钟坐姿显精神。在面试的时候，坐姿也十分重要，良好的坐姿往往能够给面试官留下好的印象。如果求职者在面试过程中出现姿势不当等问题，面试官对其就会产生一些不好的印象。当坐在椅子上时，最好的坐姿就是确保座位容量达到三分之二，同时保持上身挺直，这样可以显得整个人更加精神；尽量保持身体微微前倾的姿态，不要弓着腰，也不要挺得过于直，这样反而会给人留下僵硬的印象，应该自然地伸展腰部，并将双膝拢紧，将手自然地置于其上，要保持一种轻松自如的姿态来展现自己。在面试的时候，有两种坐姿是不好的，一种是将身体紧贴在椅背上，这样会给人一种过于轻松的感觉；另一种是仅坐在椅边，这种坐姿方式会显得过于紧张，两种坐法都会对面试的进行产生不利影响。求职者不要过于紧张，也不要过于放松，要保持一种时刻都精力充沛、热情洋溢的态度，保持端正的姿态和良好的仪态，避免小动作，始终保持端庄与充满活力。

②眼睛是心灵的窗户。在面试的时候，眼神尤为重要，俗话说"眼睛是心灵的窗户"，通过观察一个人的眼睛，通常也能够了解这是一个什么样的人。在开始面试之前，需要仔细观察自己的眼神，全神贯注地看向面试官，展现出自信和对对方的尊重。在面试过程中要保持微笑，以一种积极乐观的态度对待问题，使面试官能够从自己的眼神中感受到真诚和友善，从而提高面试质量。通过眼神交流，双方不仅可以展现出相互尊重的态度，同时也能够更好地获取信息，与面试官的动作形成默契。以彬彬有礼的态度正视对方，注视的区域最好位于考官的鼻眼三角区（社交区）；目光要既平和又神采奕奕、全神贯注而不失活力，这才是恰当的目光传递。另外，如果不只有一个面试官，那么在言谈之际，应适当扫视一下其他人，以示对其的尊重。在回答问题之前，建议将视线集中在对方背面的墙壁上，并在约两三秒的时间内进行深思熟虑，然后开始回答问题，思考的时间不应过长，当回答问题时，应将视线收回。

③微笑的表情有亲和力。在面试之时，要时刻保持微笑，展现微笑是展现自信的第一步，同时也是缓解紧张情绪的有效手段。微笑不仅可以表达求职者对面试官的信任和尊重，还能够给对方留下美好的第一印象。在面试过程中，应当展现出谦虚、亲切、真诚的态度，并且对任何问题都给予积极的回答。微笑可以加强和面试官之间的互动交流，可以提高求职者的外部形象，有赏心悦目的面部表情的人面试的成功率比那些不斜视也不露笑容的人要高得多。在交谈中，不要以

一副严肃而又紧张的神情和语气去面对对方，若始终面容呆板，那么将无法给人留下好的印象，也无法争取到面试的成功。如果在谈话中保持微笑，在倾听对方的言语时时不时地点头，这种良好的互动能够使得双方都处于一种比较亲和友好的氛围之中，能大大增加面试成功的概率。

④适度恰当的手势。在言语交流中，采用一些手势来补充对某个问题的描述，是一种自然而然的行为，但是过度使用手势也会分散人的注意力，需要适度地配合。有些人的手势常常呈现出高度的多样性，且几乎都采用了单一的模式。这主要是因为其平时不善于用语言来表达自己的思想或感情，而是经常用大动作或手势来表现自己的情绪、态度等。此外，在中西方手势中，“1”“2”“3”的表达方式呈现出截然不同的特征，若使用不当，则可能导致误解。当我们与对方的交谈非常默契时，可以适当地运用一些手势来进行解释，但不要过于频繁地耸肩，也不应该手舞足蹈。因为这时的表情太夸张，容易引起对方反感，从而影响谈话气氛。有些求职者因为紧张而感到手足无措，无法确定双手的位置，而还有一些人则因为过于兴奋，在谈论时舞动双手，这些都是不好的现象。求职者要注意自己的面部表情，不要太激动，否则容易影响面试结果。在谈话时有过多的小动作，这是一种不成熟的表现，容易使面试官觉得此人过于紧张。

5. 面试礼仪五：怎样让面试官重视

在面试实战中，个人自我介绍是至关重要的一步。由于“前因效应”的影响，这段时间内的自我介绍不仅是求职者对自己所有工作成绩和为人处世的总结，同时也是接下来的面试的整个基调。考官将基于这些材料和介绍提出问题。

语言艺术内涵丰富，是一门综合性的艺术，要想具备高超的语言艺术，需要具备较高的理论水平、灵活的思维、广博的知识和扎实的语言功底等多方面素质。在竞争激烈的现代社会中，人们对自身素质的要求也越来越严格，而语言表达能力则成为衡量个人是否优秀的重要标准之一。如果说面试的第一张名片是外部形象，那么语言则是第二张名片，它以客观的方式展现了一个人的文化修养和内涵素质。因此，良好的语言表达能力对于求职面试有着重要意义。无论在任何场合中，良好的语言艺术都是十分重要的。面试时，一定要注意语言表达技巧的运用，应当充分利用现有的语言水平，以最大限度地发挥口才的作用，尽可能给对方留下一个好印象。比如，在自我介绍时，需要把握以下几个要点：第一，需要突显个人的长处，同时要确保可信度。介绍时尽量做到言简意赅，不能过于冗长，不要拖泥带水，因为重复的语言虽然带有强调的作用，但也可能会引起面试官的厌倦情绪。因此，所强调的内容应该是精华的浓缩，突出自己独特的个性和特长，以给面试官留下深刻的印象。第二，要将自己鲜明的个人形象表达出来，展现出独特的个性，可以适当引用他人的评价，以支持自身的描述；同时还要注意避免使用那些与公司利益无关的话，因为这些话容易引起面试官的反感或误解。第三，坚持以真实的事实为基础，实事求是，避免使用虚词和感叹词。第四，应当遵循常规，合理、有序地介绍自己要表达的内容，层次分明、重点突出，以达到最佳的效果。第五，在谈话过程中，为了避免对方难以理解，建议不要使用简称、方言、土语和口头语。当无法回答某一问题时，不要含糊其词或胡吹乱侃，而是应诚实地告诉对方。

第四节　就业心理调适与法律依据

一、大学生就业心理调适

（一）大学生就业常见的心理问题

1. 认知心理维度

在认知心理维度，大学生常见的心理问题主要包括以下几点。

（1）自我认知不准确。很多就业调查发现，毕业生中“两极分化”情况比较普遍。有的学生已经怀揣几张录用通知单，有的却连就业意向都没有。但这两类学生往往在校学习成绩不相上下，为何在就业过程中差距很大呢？据分析，这和学生在面试时的表现有很大关系。用人单位普遍欣赏的人才是：成绩比较优秀、有自信心、为人处世比较沉稳、性格随和谦虚、表达能力强的人。而有的学生尽管成绩优秀，但性格过于内向，不善于表达，难以在就业竞争中脱颖而出；而有的学生又过于自负，特别爱表现自己，合作意识不强。这两类学生大多是顺利通过了笔试，但在面试中却被无情地“刷”了下来，是两类极其典型的就业不良心理表现。

自卑心理：有些学生对自身没有自信，不敢主动参与就业竞争，始终觉得自己不如别人，自卑心理使得自己缺乏竞争勇气，缺乏自信心，走进就业市场就心里发怵，参加招聘面试时心里也忐忑不安。他们受示弱心态的影响，总是想着“我能竞争过别人吗”“要是再次失败了怎么办”。这种自己给自己设置的心理障碍，往往使人缺乏竞争的勇气和获胜的信心。一旦中途遇到挫折，更缺乏心理上的承受能力，总觉得自己确实不行。在激烈的就业竞争中，这种心理障碍是走向成功的大敌。因此，就业时首先要战胜的应该是自己。

自负心理：部分应届大学毕业生因所学专业紧俏，或因就读学校为名牌学府，或因自己无论专业知识还是综合素质都高人一筹，或因为被不少用人单位垂青，而产生自负心理，觉得这个单位不顺眼、那个单位也不如意，从而错过了不少适合自己发展的用人单位。

（2）对外围环境认知不确切。面对周围的就业环境无法形成正确的认知，从而出现一些心理问题。

犹豫心理：面对很多好的就业机会表现得比较犹豫，从而错过机会。

坐等心理：这种心理主要出现在那些职业发展前景比较广阔的专业的学生身上，他们往往思想不切实际，只注重区域环境与金钱，想要前往一线城市，不愿意到其他地方，从而高不成、低不就。

2. 情绪心理维度

（1）焦虑心理。由于就业形势严峻，即将毕业的大学生往往会产生焦虑心理，担心自己无法找到好的工作。

（2）怯懦心理。这点在毕业生面试中表现得尤为明显。面试前，毕业生如临大敌、紧张不安、手忙脚乱；面试中，面红耳赤、语无伦次、支支吾吾、答非所问、手足无措，辛辛苦苦准备的“台词”“腹稿”一急之下，都抛到了九霄云外，忘得一干二净；有的谨小慎微，唯恐说错一句话，生怕一个问题答不好而影响了自己的“第一印象”，以致缩手缩脚，影响正常水平的发挥。

（3）幻想心理。幻想是由心理冲突或害怕挫折引起的。在择业中，有些大学生渴望竞争，希望能找到理想的单位、职业，但由于害怕面对残酷的竞争结果或屡受挫折后，而采取一种逃避态度。幻想不要参与竞争，“天上就能掉下馅饼”，如愿以偿找到理想工作，更有甚者还会陷入自我欣赏、自我陶醉的深渊，幻想用人单位能主动找上门来，“慧眼识金”等。有这种心理的大学生，很容易脱离现实、不思进取，整日处于幻想状态中，恍恍惚惚，使自己的就业目标与现实产生很大的反差，很难找到理想职业。

（4）急功近利的心理。有些同学在就业时过分看重地位，过分看重实惠，一心只想进大城市、大机关，去沿海发达地区，到挣钱多、待遇好的单位，有些甚至为了暂时的功利宁可抛弃所学的专业，这种心理可能会使一些大学生得到一些眼前的利益和满足，但从长远发展来看并非明智的选择。

（5）患得患失的心理。职业的选择往往也是对机遇的一种把握，错过机遇，将会与成功失之交臂。当断不断、患得患失，这山望着那山高，这也是导致许多毕业生陷入就业误区的一种心理障碍。

（6）不满情绪心理。不满的对象可以是其周围的任何事物或人群。如对学校所在的省、市不满（包括就业管理政策、户籍限制等），对家庭成员的不满（包含家庭成员对其的指导、干涉，家庭的经济条件限制等），对周围同学不满（如嫉妒）等。这一点视具体的个人关注点及实际情况而有所不同。

（7）悲观情绪心理。此种心理状况主要出现在就业的去向是回生源所在地的企事业单位工作的大学生，或一些在学校受过处分的学生身上。

3. 社会心理维度

（1）从众心理。部分大学生会忽视自身的个体特异性与自我的创造性，形成价值取向上的从众心理。在就业问题上表现为愿意到大城市、大机关去工作，这其实是一种从众心理的表现。

（2）攀比心理。一些学生常常会将自己的工作与别的同学的工作相比较，如果不如别人就会感到挫败，从而选择放弃自己的工作，想要选择更好的，之后又会感到后悔。

（3）虚荣心理。虚荣心理也是妨碍大学生求职就业的一种不健康的心理状态。虚荣心过强者在就业中往往把注意力集中在社会知名度高、经济上实惠的岗位。这些人不从发挥自身优势的角度出发，不考虑自己的竞争能力甚至不考虑自己的专长爱好，他们选择职业是为了让别人羡慕、做给别人看，而不是为自己寻找用武之地。

（4）不平衡心理。部分大学生或因自身综合素质和能力不足，或因时机把握不准而找不到理想的工作单位，但这些大学生往往不总结原因，反而怨天尤人，从而产生不平衡心理。这种不平衡心理往往导致少数大学毕业生对社会、对人生产生偏颇看法。

（二）诱发就业心理问题的主要因素

随着年龄、资历、教育水平等的变化，在诸多因素的影响下，人们选择职业的心理会发生变化。

1. 社会文化因素

（1）家庭教育的影响。有一些家长在教育孩子时往往比较极端，会辱骂殴打孩子，手段简单而粗暴。这种消极的育儿方式，容易导致子女养成敏感、自卑、抑郁、偏执等不良品质，从而影响其身心健康。此外，部分家长在子女进入大学后，倾向于将更多的精力投入为其提供经济支持上，而对于子女的心理成长问题则缺乏足够的关注。在大学阶段，家庭所提供的教育并非仅限于智力因素，而是涵盖了与学校和社会的协作，以培养大学生的综合素质为主要目标。为了有效缓解大学生的心理压力，家长需要不断探索新的教育理念，深入了解子女的心理特征，并采取相应的心理调节和疏导措施。

（2）社会大环境的影响。随着社会主义现代化建设进程的加快，人们的社会生活思想领域、心理层面都发生了深刻的变化。大学处在社会思想变化的前沿，大学生的思想变化是社会思想变化的代表，整个社会所承受的改革的压力必然在大学生这个群体中显现出较为强烈的反应。面对许多社会思想观念方面的冲击，他们的心灵所受到的震撼也最为强烈。一些大学生产生了无意义感、多余感和厌烦等心态，从而引起其心理机制的应激反应，久而久之会导致心理障碍。对于正确的思想观念他们易于接受，但由于其社会阅历浅、辨别是非能力有限，对社会上的一些问题尚缺乏理性的思考，也容易受到不良思想的影响。

（3）学校教育制度的影响。这几年随着教育改革的深入，学校在学科建设、专业调整、师资队伍建设、改善办学条件、提高办学质量等方面比较重视，对学生的思想教育管理有时抓得不到位，对学生的心理素质培养、心理咨询工作重视不够。

2.个体生理与心理因素

（1）自身生理与心理发展不平衡的影响。大学生在智力发育、思维水平和自我意识等诸多方面都有很大程度的发展和提高，但由于他们生活阅历浅、对问题缺乏客观正确的认识，从而会导致生理需要和心理发育的不协调。加之有的学生还不善于认识问题和分析问题、不善于重建平衡、不善于运用自我功能克服危机，所以一旦面临种种压力，就容易出现心理失衡，导致心理障碍的发生。

（2）躯体疾病的影响。许多学生入校后，放松了对身体的锻炼，饮食起居很不规律，导致精神不振，这会直接影响一个人的心理承受能力，甚至导致一些慢性疾病的发生。有的学生发病后又不愿及时诊治，造成精力不集中，精神空虚、烦躁，有的学生会提出休学，有的学生甚至认为自己既增加社会负担又增加家庭负担，产生了轻生的念头。这个问题如果处理不当，也会影响学生的心理健康。

（3）环境变迁的影响。许多学生初入大学，对于面前所展现的校园生活环境感到既新奇又陌生。面对新的学习和生活环境、新的学习特点、新的人际关系建立等问题缺乏适应和调节的能力，有一些学生甚至缺乏独立生活的能力，这些日常的生活问题给大学生带来了困扰，在一定程度上影响了大学生的心理健康状况，如果不能得到及时有效的解决和调适，甚至会影响到他们以后的适应性和心理健康。

（4）自我意识的影响。自我意识在心理发展和人格健全中起着导向、控制、内省和归因作用，也是大学生健康成长、全面发展、走向成功的必备要素。尽管从总体上说，当代大学生的自我意识发展的水平较高，但由于青年期这一特殊的生理和心理发展阶段，使得大学生的自我意识发展存在着许多的矛盾和偏差。这种矛盾和偏差表现在：过度的自我拒绝、过强的自尊心、过重的自卑感、过分的独立意识与逆反心理、扭曲的自我中心感和普遍的从众心理等。这些心理偏差使得大学生在面临学习压力、经济压力、情感压力、就业压力等时不能用一种平衡的心态去调整自我。于是，在追求理想时因期望值过高，而又受现实中主客观因素的阻碍，在矛盾冲突中就会产生迷茫、悲伤、怨天尤人等严重心理障碍；在人际交往中，有的大学生或心胸狭窄，或自卑，或自命不凡等，不愿坦诚与人交往，把自己游离于集体之外，这样容易产生压抑、孤寂、悲观、厌世的心理问题；在情感问题上受挫、在择业中不顺利或在生活中遇到其他不如意的事情，则会由于情感脆弱、意志不坚定而产生强烈的消极情绪，从而陷入失望、恐惧、愤怒、悲观厌世的烦恼中。

另外，由于生理和心理差异，以及当前社会仍普遍存在的对女性择业的态度的影响，女生在择业中表现出了特殊的心态。在就业选择中，不少女同学希望选择那些待遇优厚、工作轻松、相对稳定的职业。她们追求大城市、大企业，向往高薪水、高待遇，而那些充满竞争与挑战的工作，或许更能发挥她们的才干，但由于这些工作的风险性和艰苦性，有些女同学则退避三舍。部分女毕业生往往伴有随从性和依赖性，对就业中的不平等待遇虽愤愤不平，但却表现出软弱、无奈，继而茫然困惑，对自己的前途忧心忡忡，久而久之许多就业机会就会悄然溜走。由于个别用人单位拒绝接受女大学生，传统的偏见加上社会的激烈竞争，使部分女大学生信心不足，乃至对自身价值持悲观态度，怀疑自己的能力。

从以上种种表现中可以看出，大学生在求职择业时产生的这些心理障碍大都属于适应性障碍。主要是因为大学生面对求职环境的应对不良而引起的各种状况，也说明大学生对求职环境缺乏一种良好的适应状态。但这些现象只是由发展过程中的适应不良引起的，只要大学生能主动适应就业环境，各方面也能引导得法，这些心理障碍就会随着时间的推移而逐渐消除，大多数不会形成心理疾患。

（三）就业心理问题的自我调适

1. 大学生择业的心理动机

职业是人类社会发展到一定阶段的产物，是劳动者稳定地从事某项有酬工作而获得的社会角色。选择职业是人生的一件大事，是每一个大学生所面临的共同课题，虽然职业选择各不相同，但从心理学角度来讲，它主要有以下3个方面的意义。

（1）生存的需要。劳动作为人们谋生的手段，是人类社会的普遍现象，有劳才有得，不劳就无获。中国作为一个发展中国家，遵循的是按劳取酬的制度，并辅以其他的分配形式。人们劳动的目的就是要获取经济利益。所以，大学生通过获得职业，进而得到赖以生存的物质基础。在以前的计划经济时代，劳动的经济功能受到了人为的抑制和分离，从而大大挫伤了劳动者的积极性。在今天的市场经济时代，劳动逐渐恢复了它的本来面目：选择就业是大学生生存的必要手段。

(2) 个人的发展。在人的一生中，职业占有举足轻重的地位，它对于个人的发展意义重大，择业为每个大学生提供了实现人生价值和意义的途径。在以前的统招统分制度下，职业意向被忽视，大学生的个性也因此被扼杀，从事什么样的职业，不在于个人能否发展，而是要服从国家和组织的安排。改革开放以后，为了搞活经济，促进人才流动，大学生开始注重自己的职业意向，关注岗位与自己的适合度，并努力寻找适合自己专业特长和兴趣爱好的工作岗位，以更好地发挥自己的潜能。

(3) 社会的责任。大学生就业一方面是为了满足生存及实现个人价值的需要，但这并非全部的目的，从更大的意义上说，是在为社会尽自己应尽的责任和义务。因为一个人生存所需要的各种生活资料，不可能完全由自己来实现，而需要把个人劳动转变为社会劳动，然后通过劳动成果的互换，在满足自己需要的同时，也满足社会上其他人的需要。此时，表面上是在为自己服务，而实际上也在为社会尽义务。这是个人劳动的客观构成，也是义不容辞的社会责任。每一位大学生都应该把个人的事业融入中国特色社会主义建设的伟大事业中去，做到爱岗敬业，以更强的职业责任感完成好本职工作。

2. 大学生择业必需的心理准备

对初次择业的大学生来说，除了必须了解自身的性格、气质、兴趣、知识、能力等各方面条件，对自己有一个实事求是的评价外，还要根据择业的现实需要，积极调整自己的心态，从以下 3 方面做好择业的心理准备。

(1) 正确认识当前的就业形势，调整择业期望值。连续几年的大学扩招，势必造成毕业生高存量、高膨胀，给毕业生就业带来较大的压力和难度；其次，国内产业结构总体不平衡，不同学科、不同专业的就业乐观程度差异明显。

对于大学来说，面对上述这些情况，就业形势也就变得越来越严峻，大学生要正视社会现实，保持良好心态，积极主动地参与到就业之中。目前，社会越来越尊重人才，就业政策与毕业生制度也在进行改革，这为大学生提供了良好的择业环境，有利于他们更好地择业。所以，大学生要从实际出发，更新择业观念，在求职过程中适时调整择业期望值。

(2) 做好就业准备，顺利实现角色转换。通过高考，高中生转变为大学生，开始脱离家庭独立生活，在这一时期，他们所扮演的社会角色发生了转变，而同样地，从大学毕业到择业再到就业这一阶段，大学生所扮演的社会角色也需要发生变化。角色转换是一个艰苦而长期的过程，需要坚持不懈地努力，学生角色与职业角色有着明显的差异，一个是受教育、掌握本领，并仍接受父母的经济供给和资助，逐步完善自己；另一个却是需要通过参加具体的工作为社会付出，为自己的行为承担责任，并取得相应的报酬，使自己可以不再依靠父母而有经济来源去进行独立生活。大学生即将进入社会，会有一份属于自己的工作，开始独立的生活，要对自己的行为负责。

人处于不同的社会地位，从事不同的社会职业，都需扮演不同的社会角色，从学生到职业人士是一次重要的角色转换。有些大学生由于家里的经济条件太过优越，或者是家里的独生子女，从小娇生惯养，致使他们无法适应社会，无法脱离学生角色，对自身的心理造成一定程度的影响。对于面临择业的大学生而言，应该以一个职业人士的标准来要求自己，热爱自己的本职工作，虚心学习以提高工作能力，并勇挑工作重担以锻炼自己，走上工作岗位后，大学生将成为社会认可的具有独立资格的社会人士。因此，大学生应尽快适应角色的转换。

(3) 加强自身素质训练，提高承受挫折的能力。大学生择业体现了市场经济的竞争法则，求职实质上是一个竞争上岗的过程。大学生要想在竞争中立于不败之地，就要不断提高自身的能力，因为最终是要靠实力说话的。实力是求职成功的资本，是大学期间自身努力的结果，包括学习成绩、工作能力、社交能力、处事能力等。大学生既要勇于竞争，也要善于竞争，掌握竞争的方法和策略，成功地推销自己，打败竞争对手，在竞争的大潮中脱颖而出，最终获得用人单位的青睐。

在求职的时候，很容易会遇到许多困难与挫折，这时候不能仅仅只是抱怨，而是应该在一轮又一轮的面试之中不断地分析自己失败的原因，重新地认识自我，加强自身的素质训练，提高自身承受挫折的能力，不断地调节自己的心理承受能力，从而适应社会。

(4) 对自身进行客观评估，以确定最合适的职业目标。大学生在择业时必须明确自我、认清差距、把握机会、合理定位，这样才能提高竞争能力，获得成功。要明确就业方向，制订出切实可行的奋斗目标，以便更好地把握机遇、迎接挑战。每位毕业生都应该以客观和正确的态度看待自己的长处和短处，明确自己的能力和限制，并在求职过程中及时抓住机遇，避免盲目就业。对于学生而言，明确自己的职业目标并选择与自身实力相当或接近的方向，可以有效提升自信心，从而在职业选择中充分发挥优势。择业之前，大学生要根据自己的个性、特长、能力、职业兴趣、价值观等来制订自己的求职计划，以免频频换岗、屡屡跳槽、多走弯路。选择职业，不只是单纯找一个单位了事，而是一个发现自己、认识自己的过程。大学生在整个就业过程开始之前，应对自己的学业生活做一个总结，认清自己的优点和缺点，实现成功择业。

剖析潜意识需求，对职业做发展前景分析。在决定应聘前，先问自己三个问题：为什么选择这个单位？与自己的优缺点、兴趣爱好是否相符合？有无发展的可能？除了考虑专业知识，重视所选择的职业与个性及自我实现需要的满足程度也很关键。比如，内向、不善于与人打交道、一定程度的自我封闭、讲话脸红等的毕业生，单纯从性格匹配的层面来讲，就不适合从事一些需要经常与人交涉、谈话、辩论、教育他人的工作，而应该从事技术性较强的工作。

（5）避免从众心理。学成从业、服务社会，实现自身价值，是每位毕业生的美好愿望。在择业中，毕业生要善于从自身的特点、自身的能力和社会需要出发，不断调整自我的期望值，使理想切合实际，以便在激烈的职业竞争中掌握主动权，避免被周围的环境所左右而忘掉自己的特性和初衷。从众心理在择业中体现为两种倾向：一种是人云亦云，跟着凑热闹。在择业中自己缺乏独立的见解，不是根据自己的实际情况做出切合实际的选择，而是听从其他同学、好友或老乡的意见来决定；另一种是过分依赖，坐等成果。有些毕业生不主动选择、积极竞争，而是坐等学校或家人给自己落实单位，或把希望寄托在“拉关系”“走后门”之上，有的甚至由家长出面与用人单位洽谈，想依靠父母的关系网得到工作和生活上的照顾。这样做恰恰会让用人单位对这类毕业生产生缺乏开拓能力、独立生活和工作能力差的印象。当今社会，挑战与机遇并存，只有在择业之初就树立自信心，敢于竞争，才能在众多的求职者中脱颖而出。因此，每位毕业生必须学会自我形象确认，进行中肯的评价与恰当的自我定位。

（6）增强承受能力，排除心理干扰。每个人都是独一无二的，是与他人不同的，一个人的缺点或弱点也是这个人的个性所在。在择业过程中，要善于排除心理干扰，挣脱枷锁，敢于走出择业心理误区。许多毕业生受“人往高处走”心理的影响，并自恃年轻、机会多，因此在择业过程中存在不够理智的行为。比较典型的有以下五种择业心理误区。

误区一：面子效应，盲目攀比心理。部分毕业生存在盲目自信、过分乐观的心理，把择业胃口吊得很高，对自己估计过高，对自己的不足和困难估计不足。有的毕业生自认为在择业中具备种种优势，诸如学习成绩优秀、政治条件好（是学生干部或党员）、专业需求旺、家庭人际关系广、求职门路宽等，一定要找到一个从感觉上比别的同学更好的单位，只是为了“争面子”，这种心态与做法虽能求得一时的心理平衡，却不利于自身价值的实现和长远发展，最终在择业中容易受挫。

误区二：当断不断，患得患失心理。部分毕业生刻意追求最满意的结果，“脚踩几只船，这山望着那山高”，错过了许多单位的招聘机会，人为地造成就业困难，影响顺利就业，悔之不及，到最后看本班级其他同窗纷纷找到了工作便慌了手脚而随意将就。职业的选择往往也是对机遇的一种把握，错过机遇，将会与成功失之交臂。

误区三：主次不分，故乡情结心理。部分毕业生受“父母在，不远游”的恋家观念及“人不亲土还亲”的故乡观念影响，择业以地域为主而非以事业为主，以选择一个好地方为目的而非以单位是否合适为出发点。

误区四：无自知之明，狂妄自大心理。有的毕业生缺乏必要的自我分析能力，不知道自己属于哪种类型，不知道自己适合干什么、不适合干什么；有的毕业生过于狂妄自大，觉得自己什么都能干。

误区五：鼠目寸光，物质至上心理。只顾眼前利益，忽略职业的发展前景。有些毕业生在择业时过分看重实惠，求职择业以金钱为主要衡量标准，只希望到工资多、待遇好、工作轻松的单位，甚至为了暂时的功利宁可放弃所学专业。这种心理可能会使他们得到一些眼前的物质利益和满足，但从长远发展来看并非明智的选择。

正确宣泄情绪，及早排除心理障碍。毕业生在择业前，往往踌躇满志、跃跃欲试，很想大显身手；而一旦受到挫折后，容易产生心理偏差，影响择业。毕业生在择业过程中，主要存在以下五种心理障碍。

障碍一：焦虑。随着如今就业市场变得越来越饱和，在即将毕业之际，毕业生很容易会陷入焦虑的情绪中，对于自己的抉择是否得当感到忧心忡忡，他们担心自己无法找到好的工作，担心自己会被企业拒之门外，这些焦虑现象会影响其自身的学习和生活，也不利于其健康成长。尤其是那些性格内向、成绩不佳、能力一般的毕业生，他们的焦虑情绪更加强烈。在社会生活中，由于工作任务繁重、环境改变、人际关系复杂和自身素质不足等原因，往往使他们感到十分苦闷、烦躁和不安。焦虑是一种常见的神经症，表现为发作性或持续性的情绪波动，包括焦虑、紧张和恐惧等，这是一种病态的心理状态。适度的焦虑能够激发人的内在潜能，使其主动参与竞争，而过分焦虑则会抑制人体的正常功能和工作效能的发挥，导致情绪低落、意志消沉，使人陷入深深的自责之中，干扰人类正常的身体活动。

障碍二：急躁。尤其在职业未最终确定之前，这种心理就表现得尤为明显，有时恨时间过得太慢，简直是度日如年；有时又恨时间过得太快，最后期限将至，单位仍无着落，遇到挫折后变得暴跳如雷，这种烦躁不安的心理只能导致事倍功半甚至事与愿违。

障碍三：幻想。幻想是一种由内心深处的矛盾和对挫折的恐惧所引发的情感体验。有些毕业生在选择职业时，渴望找到自己心仪的机构或事业，但因为担心面对残酷的竞争或屡遭挫折，而选择了一种逃避的态度。这类学生一般都存在着自卑和自负心理，他们怀揣着不参与竞争的美好幻想，渴望在职场中能够幸运地获得属于自己的机遇，甚至幻想着用人单位能够主动找上门来，然而现实却令人大失所望。那些怀有此种心理的毕业生很容易脱离现实，沉迷于幻想之中，从而无法正常地去求职与工作，不利于正常的学习与生活。

障碍四：自卑。有些学生过分自卑，看不到自己身上的优点，妄自菲薄，缺乏自信心，认为自己什么也做不好。在求职的时候，他们不敢面对压力与竞争，不敢努力争取，很容易会错失机会，限制了自身才能的发挥。自卑心理在择业中的典型表现为害怕“第二次”的择业心理，总害怕再次竞争。

障碍五：怯懦。有一些毕业生在面对一些比较大型或者比较官方的场合时，会展现出一种怯懦的心理，面红耳赤、声若蚊蝇、语无伦次、手忙脚乱，无法准确清晰地表达自己的观点与看法，这很容易影响面试官对其的第一印象，在求职的时候十分不利。

3. 自我心理调适

在求职和择业的过程中，大学毕业生需要掌握心理调节的技巧，以应对可能出现的心理压力和挑战，要树立正确的择业观，培养良好的心理素质。自我心理调适是一项重要的任务，目前，高校就业形势十分严峻，不少学生都存在着不同程度的心理困惑。通常情况下，大学生在求职和择业过程中往往会遭遇以下几种情形。

（1）身心疲惫，对前途灰心丧气。心理特征：在求职过程中，毕业生会经历很多磨难，相比起之前在学校中是前所未有的艰辛，能够深刻感受到人情冷暖。尽管有的毕业生已经找到了工作，但对未来的发展缺乏信心，对自己的能力、职业具有不确定性，因此在准备就业的同时心态比较紧张和消极。

以下是进行自我心理调适的过程。第一步：需要对整个求职过程进行系统梳理，深入了解其中的技巧和门道，正视自己所面临的挑战，以此来缓解心理压力。在找工作的过程中，遇到各种困难的根本原因在于缺乏对求职知识和技能的深刻理解，这并不能完全归咎于自己，而是需要付出更多的努力。在这个阶段中，最重要的是学会放松自己，调整好心态，把自己从紧张的状态中解放出来。心理上的疲惫源于追求快速成功和逃避现实的心理倾向，总是期待顺遂，渴望尽早解决问题，结果却适得其反。要知道，人在成长中总会遇到很多挫折与失败，但是如果能从这些挫折中学到一些方法，那将对今后的生活产生重要的影响。经过这几个月的历练，毕业生能够领悟到其中蕴含的珍贵财富，这些财富也将成为他们走向社会的重要助力。

第二步：在自我心理调适的过程中，借鉴“过来人”的经验是一种迅速而有效的方法，如阅读一些人物传记，或者向导师或社会上的成功人士请教，以寻找能够激发自身动力的法宝。这样可以发现自己的经历并不特别，在求职就业的过程中大家都会遇到很多困难，在别人的经历中同时也会发现很多高明的方法，可以激发自己的动力。人类的成长是一个渐进的过程，每个人都需要不断地努力和探索，只有从失败和成功中汲取经验和教训，才能真正获得成功。

第三步：起草一份应对未来工作的方案。对于学生来说，他们迟早要走上社会，必须要有一定的心理准备，包括对未来的各种可能性进行估计、预测、判断等。通常情况下，过度忧虑会导致人们失去对事物的掌控能力，从而可能引发失常的表现。那么应该如何做好准备？为了更好地准备，建议提前进行相关资料的搜集和分析，或者向业内专家请教，或者与那些经验丰富的人进行深入交流，了解在职场中所需的素质、技能和可能遇到的挑战，这样能更加从容地迎接之后所要面临的一切问题。

（2）工作不如同学，急于“争回面子”。心理特征：在学校中大家学习成绩差不多或者是学习成绩没有自己好的同学工作职业比自己好得多，而曾经表现出色的自己未能找到理想的职业，这种嫉妒、失落、不平衡等情感交织在一起，令人感到十分不适。因此，自己下定决心，一定要寻找更好的工作机会，以挽回自己的尊严。

以下是进行自我心理调适的过程。

第一步：学生不要被不平衡、嫉妒等情绪左右，应该以理智的态度审视自己的未来。很多人都有过跳槽的经历，也会为自己选择一份满意的工作而感到非常开心，因为这份工作对自己来说就是最好的出路。对于一些人来说，可能初次就业并不尽如人意，但这并不代表可以轻易地进行职业转换，不能为了“面子”而随意地离开某一家公司，意气用事。工作中单位的名气、环境、待遇并不是最重要的因素，更关键的是单位为员工提供了哪些发展机遇。在这个问题上，不要盲目追求表面的成功和荣誉，要从实际出发，考虑到未来的前景，选择适合自身能力的路去走。若过于重视“面子”，便会忽视那些具有实质成长潜力的机遇。因此，我们必须首先反思自己所处的环境和条件，以确定最适合自己的机遇和最适合自己的道路，以便顺利前行。要想让自己的工作顺利开展，就要学会在关键时刻保持清醒和冷静，避免被内心的情感波动所左右，以免思维受到干扰。

第二步：剖析“面子”这一概念的核心要素，深刻理解自身的心理需求。不同的人“好面子”有着不同的原因与追求，有些人比较自卑，“好面子”也只是为了提升自己的尊严；有些人想要追求卓越，一次又一次地在竞争中脱颖而出，追求最大程度的荣誉和尊重。其实每个人都希望得到别人的认可，但在这个过程中，首先应该清楚自己到底想做什么、为什么这么做，需要明确自己所追求的目标和愿望，而不应该盲目行动。要想在人生中获得长远的成功，就得从实际出发，量力而行，这样才能避免走弯路。若一味追求表面上的发展，未来的发展将会受到限制，因此建议先深入思考自身的内在因素，然后再做出决定，明确自己的需求和努力的方向。

第三步：拟定一份急而不躁的发展计划，其中“急”代表着速度，但不能因此影响到自身的“品质”。无论是在职场上还是在人际交往中，我们都追求卓越的品格。人从出生开始就有一定程度的自卑感和对未来的忧虑，一旦到了社会中，这种心理会变得更加强烈。因此，在就业后的学习、工作、培训和人际关系等方面，需要咨询专家或者进行资料查询，制订一个可行的计划，以确保自己能够逐步实现发展目标。

4. 心理调节方法

（1）转移注意力。尽可能躲开导致心理困境的外部刺激，把注意力从消极情绪转移到积极情绪上。当不良情绪出现时，可以立即采取转移注意力的方法寻找一个新的兴奋点和刺激点，激活新的兴奋中心以抵消或冲淡原先的兴奋中心，以此摆脱心理困境，可以从事一些有意义的事情，如听听音乐、参加体育活动等。

（2）变通——变恶性刺激为良性刺激。毕业生在择业中通过找一些理由为自己开脱，以减轻痛苦、缓解紧张，使内心获得平衡。

（3）转视——换一个不同的角度来审视问题。任何一件事物都有着积极与消极的方面，若从某一视角观察，可能十分消极，从而导致心理上的困境；但是如果换一个角度来看，也许它并不是那么消极，而是蕴含着积极意义，在这种情况下，人们将消极情绪转化为积极情绪，帮助其跨越心理障碍。

（4）换脑——换一种角度，以一种不同的认知方式解释事物，不断更新观念与思维模式。换脑是对大脑思维活动进行再创造和调整过程，重新诠释周遭环境信息，即以全新的视角审视、思考、诠释问题。大学生可以运用换脑技巧，以缓解或消除心理认知和心理体验之间的矛盾和冲突。

（5）升华——将积极的心理认知内化于心，将挫折转化为珍贵的财富，达到升华的境界。长期以来，人们的心理问题一直困扰着他们，往往与他们内心深处的消极心理固着有关。为了克服心理上的消极固着，最有效的方法是进行心理位移，即通过选择一种新的、积极的、有益于他人和社会的、高层次的心理认知来取代旧有的心理认知，从而改变之前的消极的心理状态，这种方法被称为心理升华法。从失败的消极因素中汲取积极因素，将其转化为个体奋发图强、取得成功的动力和契机，这便是“失败乃成功之母”的精髓所在。因此，对人们来说，战胜消极心理的关键就是要利用心理升华法改变自己消极的心理状态，以获得积极的心理体验，并在此基础上不断强化自我效能感、自信心、责任感等心理因素。

(6) 补偿——在追求长期价值目标的过程中，人们难免会受到内在缺陷、外在障碍以及其他多种因素的影响，从而导致最佳目标动机受挫补偿，更替原有行动目标，这是一种补偿的心理调适方式。

(7) 求实——以实际情况为基础，对目标进行调整，以达到务实的效果。当我们在追求目标的过程中遭遇挫折时，我们会感受到内心的紧张和痛苦。如果在追求目标的时候发现那个目标过于遥远，与如今自己的实际状况并不匹配，在这种情况之下，就需要及时调整自己，并改变实现目标的途径和方法，实事求是。

5. 树立良好的择业观

目前，中国高等教育已经进入大众化阶段，学生从大学毕业之后将会面临着严重的就业压力，在这种情况下，就要树立良好的择业观，学生需要明确自身在社会中的定位，积极参与竞争，勇敢地迎接挑战，为将来走上工作岗位做好充分的准备。在适应市场经济规律的过程中，我们必须认识到职业选择是一个不断变化的过程，需要根据市场经济的发展趋势进行灵活调整，不能僵化不变。因此，在大学里树立正确的择业观对大学生来说至关重要。同学们的职业选择观念不仅受到来自社会、家庭和个人的影响，同时也会受到社会上许多潜在因素的干扰和影响。随着高等教育普及化的推进，学生的职业选择观念必须进行相应的调整。因此，我们有必要对当代大学生的择业观进行认真分析研究，使他们能更好地适应社会主义市场经济体制下的人才竞争环境。在当前的新时代背景下，大学生应当树立一种全新的职业选择理念，涵盖多个方面。

(1) 勇于面对竞争。在社会主义市场经济中，竞争是一项最为显著的特征，而现代人必须具备的素质之一就是对竞争的高度认识。随着我国经济体制改革的深化和经济结构战略性调整的进一步加快，大学生面临着严峻的就业形势。在面对激烈的就业竞争时，大学生应该摆脱被动依赖和消极等待的心态，勇于挑战自我，树立“只有勇于拼搏才能获得胜利”的信念，并做好全方位的竞争准备。

第一，大学生要树立一种强烈的竞争意识，以便在市场上脱颖而出；第二，为了培养强大的竞争实力，必须注重综合素质的全面提升，包括但不限于文化修养、专业技能、思想品德以及身心健康等多个方面；第三，在就业竞争中，大学生应当坚守正确的竞争原则，维护自身的人格尊严，恪守诚信原则，凭借自身的真正的实力去参与竞争，赢得用人单位的青睐；第四，大学生要保持一种积极的竞争心态，胜不骄败不馁，明确竞争的风险并沉着应对。

（2）树立先就业后择业的观念。在如今的市场中，没有什么是一成不变的，毕业生应该摒弃陈旧的就业观念，树立先就业后择业的观念。就业观念的转变需要有新的思维方式和行为模式，而这种思维方式和行为模式又必须建立在市场经济体制下人才供求状况变化的基础上。在市场经济中，人才的流动是人力资源配置的显著特征，因此毕业生不必过于着急，必须要在比较短的时间内寻找一个稳定的“铁饭碗”，而是应该明确职业流动的观念，不断积极进取，并学会在流动中寻找、抓住和把握机会。

（3）树立自主创业和终身学习的观念。在求职就业的过程中，学生除了要找工作，还要树立自主创业和终身学习的观念，自主创业为高校毕业生开辟了一条全新的就业渠道。大学作为人才培育基地，在促进大学生自主创业方面有着不可替代的作用。随着知识经济和信息化社会的到来，大学毕业生必须不断汲取新知，以适应社会发展的需求，否则将被职场无情地淘汰，尽管大学教育至关重要，但它只是终身学习的一个阶段，大学生要想不被社会淘汰，就必须树立终身学习的观念，进行重新学习和延伸学习，始终保持较强的学习能力，这对于之后选择和重新选择职业岗位以及获得职业成就至关重要。

（4）树立到基层去的观念。随着高等教育的逐渐普及，就业市场的竞争变得越来越激烈，对于大学生来说，他们可以到农村和基层的广袤领域中去施展自己的才华，实现自己的理想。

（5）树立发挥专业所长，但也注重综合素质的观念。在选择职业时，毕业生应当优先考虑其所学专业，并根据其特点和独特的职业需求，以充分发挥其专业优势；对于毕业生而言，除了专业素质，综合素质也十分重要，如果过分强调专业对口，可能会导致毕业生在激烈的竞争中失去大量的发展机遇。

二、大学生就业的法律依据

（一）劳动合同订立的原则

1. 合法原则

所谓合法，是指劳动合同的订立不得违反国家法律、法规的规定。合法原则要求：首先，劳动合同的当事人必须具备合法的主体资格。劳动者应达到法定最低就业年龄并符合其他就业条件；用人单位应具有法人资格。其次，劳动合同的内容要合法。当事人不得订立内容违法或损害公共利益的劳动合同。最后，劳动合同的订立程序和形式应当合法。例如，必须要经过要约与承诺、合同应当采用书面形式等。

2. 公平原则

在劳动合同订立过程中，公平原则是必要的。劳动合同内容是否公平合理，直接关系到企业能否与员工建立良好的合作关系，进而影响到整个企业经营管理活动的成败。在遵守法律规定的前提下，劳动合同双方应当以公正、合理的方式确立双方的权利和义务，以确保合同的有效执行。相关的劳动法律和法规通常只规定了一个最低的标准，而在此基础上签订劳动合同，双方依据合同内容自愿达成协议，这是合法的，但有时候合法不一定公平。比如，在同一个职位上有两个人，他们的资历和能力相当，但是收入差异很大，或者能力强的人的收入比能力差的人还要低，这就是不公平。

在订立劳动合同的时候，将公平原则当作准则，有助于避免用人单位滥用其优势地位，损害劳动者的权益，同时也有利于平衡劳动合同双方的利益，促进劳动关系的和谐稳定。

3. 平等自愿原则

所谓平等，是指劳动者与用人单位在订立劳动合同时处于平等的法律地位，享受平等的法律待遇和法律保护。所谓自愿，是指劳动者与用人单位订立劳动合同，应出于各自真实的意愿，不得有强迫、胁迫行为，平等自愿是订立劳动合同的基础。

4. 协商一致原则

在订立劳动合同的时候，需要遵循协商一致的原则。也就是说，双方必须要协商一致，并进行充分的协商和沟通，都持认可意见，这样才能签订合同。在签订合同之时，双方是平等的，不能一方凌驾于另一方之上，更不能以一种强硬的态度逼迫对方。只有在劳动合同中真实反映了双方的意愿，才能确保双方忠实地遵守合同约定并履行义务。如果劳动合同没有充分体现双方的真实意志，那么就不可能达到签订劳动关系契约所要求的效果。在现实生活中，用人单位通常会提供一份格式合同文本，以供劳动者签署，无须进行烦琐的手续。其中，有时候用人单位的权利在格式合同文本中得到了广泛而明确的规定，而劳动者的权利却比较模糊，提及较少，这样的劳动合同往往难以达成共识。因此，在签订合同之时，劳动者应当仔细研究其中的条款，对于那些对自身不利的条款，必须进行充分的论证和争取，保障自己的权益。

5．诚实信用原则

在签订劳动合同时，必须恪守诚实守信的原则，以确保合同的可靠性。诚实信用是指合同双方必须遵守法律和行政法规，不得损害对方的合法权益。根据《中华人民共和国劳动合同法》（以下简称《劳动合同法》）第八条的规定，用人单位招用劳动者时，应当如实告知劳动者工作内容、工作条件、工作地点、职业危害、安全生产状况、劳动报酬，以及劳动者要求了解的其他情况；用人单位有权了解劳动者与劳动合同直接相关的基本情况，劳动者应当如实说明。在实际工作中，签订劳动合同的双方都可能会有一些违背诚实信用原则的行为发生，比如，有的劳动者与用人单位签订了劳动合同，但当劳动者找到其他工作后，却选择了悔约而不去这个用人单位工作；有些用人单位提供的工作条件可能与他们事先约定的存在差异；有的用人单位可能会对劳动者隐瞒职业危害信息；等等，这些行为都违反了诚实信用原则。

（二）劳动合同应具备的条款

1．必备条款

《中华人民共和国劳动法》（以下简称《劳动法》）第十九条规定了劳动合同的法定形式是书面形式，其必备条款有以下 7 项。

（1）劳动合同期限。关于劳动合同期限，主要可分为三类，即有固定期限、以完成一定工作为期限、无固定期限。其中，比较常见的是有固定期限，如一年、三年等，均属于此类。以完成一定工作为期限，比如，劳务公司与另一公司签订劳务合同，劳务公司外派员工到另一公司工作，这时候，外派员工与劳务公司就会签订劳动合同，这时的劳动合同的期限就是以劳务合同为准，当两个公司的劳务合同到期的时候，外派员工与公司的劳动合同也就解除了。无固定期限，就是指合同中并没有约定具体的合同到期时间，而是规定了终止合同的条件，在一般情况下，该合同应持续存在至劳动者达到退休年龄。如果劳动者未按上述规定履行劳动义务，或者劳动者因其他原因不能按期提供服务等，则该合同不具有法律效力。

（2）工作内容。在劳动合同中必须要说明工作内容，以使得工作者能够明确自己的工作职责。在工作内容中，双方要就劳动者的工作岗位、工作的质量与数量等进行预定。在规定工作职位时，可以比较宽泛一些，可以规定在何种条件下能够更改职位条款，也可以签署一份短期的职位协议作为劳动合同的附件等。通过掌握订立劳动合同的技巧，可以有效避免因变更岗位条款协商不一致而引发的争议，从而避免工作岗位约定的过度死板。

（3）劳动保护和劳动条件。在这方面可以约定工作时间和休息休假的时间、各项劳动安全与卫生的措施、对女工和未成年工的劳动保护措施与制度，以及用人单位为不同岗位的劳动者提供的劳动、工作的必要条件等。

（4）劳动报酬。此必备条款可以约定劳动者的标准工资、加班加点工资、奖金、津贴、补贴的数额及支付时间、支付方式等。

（5）劳动纪律。此条款可加入用人单位制订的规章制度，可采取将内部规章制度印制成册，作为合同附件的形式加以简要约定。

（6）劳动合同终止的条件。这一必备条款一般是在无固定期限的劳动合同中约定，因为这类合同没有终止的时限，但其他期限种类的合同也可以约定。须注意的是，双方当事人不得将法律规定的可以解除合同的条件约定为终止合同的条件，以避免出现用人单位应当在解除合同时支付经济补偿金而改为终止合同不予支付经济补偿金的情况。

（7）违反劳动合同的责任。一般可约定两种形式的违约责任，一是由于一方违约给对方造成经济损失，约定赔偿损失的方式；二是约定违约金，采用这种方式时应当注意根据职工一方的承受能力来约定具体金额，不要出现显失公平的情形。

2. 约定条款

除了上述的7条必备条款，劳动合同还可以协商约定其他的内容，即约定条款，也可以称之为随机条款。

针对某些方面，在国家尚无法律规定，或者说国家法律规定不明确的情况下，双方依据实际情况相互协商约定而成的条款，便是约定条款。通常情况下，劳动合同样本由劳动行政部门印制，在印制劳动合同的时候，其中必备条款被详细地规定其上，同时留有一定的空白，以便双方随机约定一些内容。比如，用人单位与求职者约定的试用期、福利待遇等内容。

随着社会的发展，人们的合同意识越来越强，劳动合同中约定条款的数量也将不断增加，劳动合同的质量也在不断地提高。

3. 商业秘密事项

在劳动合同之中，还应具备商业秘密事项。在企业中，难免会有一些商业秘密，不为其他人所知，那么什么是商业秘密呢？商业秘密又具有哪些特征呢？商业秘密通常具有三个特点：公开渠道无法直接获取；权利人采取保密措施；具有实用性，能够为权利人带来经济利益。针对商业秘密，用人单位应当采取一些切实可行的保密措施，以防被泄露。比如，制订保密制度，明确保密的内容、范围、人员、岗位、措施等；与相关单位、职工签订协议书，规定其保密的权利与义务等。只有切实地运用多种措施，才能保守商业秘密，保护自身的合法权益。

在劳动合同中，关于商业秘密的内容主要有以下几条。第一，在劳动者提出解除劳动合同或者是在劳动合同终止前（不超过6个月），企业可以将劳动者调离现今的工作岗位，变更劳动合同相关内容。第二，对于掌握商业秘密的员工，用人单位与之约定在解除劳动合同之后的一段时间内（不超过3年），员工不得到有竞争关系的企业任职，也不得生产与经营同类产品与业务，当然，企业要给予该员工一定的经济补偿。

4. 试用期、见习期和学徒期的约定

在签订劳动合同的时候，关于试用期、见习期以及学徒期也要做好约定条款。根据《劳动部关于实行劳动合同制度若干问题的通知》中第三条规定，如果约定试用期，则试用期应包括在劳动合同期中，也就是说在试用期间用人单位应当为劳动者缴纳社会保险费用；试用期满，合同期未满而用人单位依据《劳动法》第二十五条至二十八条的规定解除劳动合同计发经济补偿金时，应将试用期计算在工作时间内。通常情况下，试用期主要发生在聘用初次就业的劳动者或者是再次就业时改变劳动工种的情况，在试用期内，劳动者与用人单位互相认为不匹配的时候，便可以随时解除劳动合同。见习期期限为一年，主要是指大中专毕业生分配到用人单位的约定期限。学徒期是对某种工作岗位的新招工人的一种培训方式，在此期间提高他们的工作技能。在劳动合同中，这三者都可以进行约定。

（三）劳动合同的效力

1. 劳动合同的生效

《劳动合同法》第十六条规定："劳动合同由用人单位与劳动者协商一致，并经用人单位与劳动者在劳动合同文本上签字或者盖章生效。劳动合同文本由用人单位和劳动者各执一份。"

（1）劳动合同生效的时间。通常情况下，劳动合同的成立与生效是同时的，即双方在劳动合同上签字或盖章，这时候劳动合同就开始生效了。但是，有时在劳动合同成立的时候不一定生效。比如，那些有附加期限或附加条件的劳动合同。根据上面法条所规定的，必须由劳动者与用人单位在劳动合同上签字或者盖章才可以生效，若一方未在合同上签字，则另一方所注明的签字时刻即为合同生效之时；如果双方当事人在签字或盖章的时间上存在差异，则应以最终一方签字或盖章的时间为准。

（2）劳动合同生效的条件。劳动合同发生法律效力必须具备相应的条件，这些条件包括以下几点。

①劳动双方当事人必须具备主体资格。对于劳动者一方来说，他们必须是具有劳动能力且年满十六周岁的公民；对于用人单位一方来说，他们可以是国家机关、事业单位、企业、个体经济组织、社会团体组织等。

②劳动合同的内容和形式必须合法。比如，对于未成年工来说，即16—18岁之间，法律规定他们不得从事有毒有害、矿山井下、国家规定的第四级体力强度的劳动以及其他禁忌从事的劳动。

另外，双方必须是在平等的意义上签订的劳动合同，如果某一方采取胁迫、欺诈等手段，那么合同是无效的。

2. 劳动合同的无效

对于劳动合同来说，无效主要是指没有法律约束力，国家不予承认，法律不予保护，主要包含以下几种情况。

（1）全部无效。《劳动法》第十八条规定，下列劳动合同无效：①违反法律、行政法规的劳动合同；②采取欺诈、威胁等手段订立的劳动合同。所谓违反法律、行政法规，是指违反法律、行政法规明令禁止的行为，不能作任意扩大的解释。采取欺诈手段订立的劳动合同，是指当事人一方隐瞒或歪曲事实真相，致使对方当事人信以为真，同意签订劳动合同。采取威胁手段订立劳动合同，是指当事人一方要挟对方，迫使对方同意签订劳动合同。

（2）部分无效。主要指劳动合同部分条款违反法律、行政法规的规定，如工资、工作时间、劳动保险等，这些条款违反了法律、行政法规，只是这些条款无效，但不影响其他合同条款的履行。因此，《劳动法》第十八条第二款规定，确认劳动合同部分无效的，如果不影响其余部分的效力，其余部分仍然有效。

（3）无效合同的确认机关。无效合同的确认机关是劳动争议仲裁委员会或人民法院。劳动合同被仲裁机关和人民法院确认全部无效后，合同规定的双方当事人的权利、义务关系自然终止，终止履行合同，尚未履行的不得履行。被确认部分无效的，由仲裁机关或法院监督改正并赔偿损失。

（四）劳动争议及其处理

1. 劳动争议的概念

劳动争议是指劳动关系双方当事人因劳动问题而引起的争议。为了公正及时地解决劳动争议，保护当事人的合法权益，促进劳动关系和谐稳定，根据《中华人民共和国劳动争议调解仲裁法》的规定，凡是在中华人民共和国境内的用人单位与劳动者发生的下列劳动争议，适用本法。

（1）因确认劳动关系发生的争议。

（2）因订立、履行、变更、解除和终止劳动合同发生的争议。

（3）因除名、辞退和辞职、离职发生的争议。

（4）因工作时间、休息休假、社会保险、福利、培训以及劳动保护发生的争议。

（5）因劳动报酬、工伤医疗费、经济补偿或者赔偿金等发生的争议。

（6）法律、法规规定的其他劳动争议。

2. 劳动争议处理的原则

（1）合法处理原则。法律是衡量事实、分清是非责任的标准。只有以事实为根据，以法律为准绳，才能辨明是非、分清责任，正确处理劳动争议案件。

（2）公正处理原则。劳动关系的双方当事人在法律上处于平等地位，无论是用人单位还是劳动者，在适用法律上都一律平等，在解决劳动争议时要做到公正、平等。

（3）及时处理原则。劳动争议与用人单位的生产和职工的生活有极大的关系，如果不及时解决，势必影响生产、工作的正常进行，甚至影响社会的安定团结。因此，在劳动争议发生后，应当按照有关规定及时进行处理，无论在调解、仲裁还是诉讼中，均不得拖延时间，努力使争议得到及时解决。

（4）着重调解原则。在实际生活中，大量的劳动争议主要是通过调解的方式解决的。采用调解方式解决劳动争议，可以避免矛盾激化，当事人之间既易于接受，又不伤感情，有利于今后继续合作。

3. 劳动争议处理的方法

根据《中华人民共和国劳动争议调解仲裁法》规定，发生劳动争议时处理的方法主要有以下几种。

（1）劳动者可以与用人单位协商，也可以请工会或者第三方共同与用人单位协商，达成和解协议。

（2）当事人不愿协商、协商不成或者达成和解协议后不履行的，可以向调解组织申请调解；不愿调解、调解不成或者达成调解协议后不履行的，可以向劳动争议仲裁委员会申请仲裁；对仲裁裁决不服的，除本法另有规定的外，可以向人民法院提起诉讼。

（3）当事人对自己提出的主张，有责任提供证据。与争议事项有关的证据属于用人单位掌握管理的，用人单位应当提供；用人单位不提供的，应当承担不利后果。

（4）发生劳动争议的劳动者一方在十人以上，并有共同请求的，可以推举代表参加调解、仲裁或者诉讼活动。

县级以上人民政府劳动行政部门会同工会和企业方面代表建立协调劳动关系三方机制，共同研究解决劳动争议的重大问题。

用人单位违反国家规定，拖欠或者未足额支付劳动报酬，或者拖欠工伤医疗费、经济补偿或者赔偿金的，劳动者可以向劳动行政部门投诉，劳动行政部门应当依法处理。

4. 劳动争议的处理机构

(1) 企业劳动争议调解委员会。它属于一支群众组织，由企业代表与职工代表组成，在企业职工代表大会的领导下，对本企业内产生劳动争议的群众组织进行调解。其中，企业劳动争议调解委员会的主任由全体职工与工会成员双方推举出来的人员担任，也可以由工会成员担任。工会成员或全体职工均可担任职工代表，而企业负责人则有权指定代表。在劳动争议调解组织中，调解员应当是那些公正、正直的人，他们比较热心，善于联系群众，同时具有一定的文化、法律、政策方面的感知与认识，能够承担起调解的重任。

在劳动争议调解方面，当事人有两种选择：一是以口头方式提出申请，二是以书面形式提出申请。通常情况下，如果当事人口头申请劳动争议调解，调解组织有责任在现场详细记录申请人的基本信息、争议事项、理由和时间，以确保调解的准确性和公正性。

当企业劳动争议调解委员会的调解员调解劳动争议时，首先应当充分倾听双方的阐述，了解双方发生矛盾与冲突的具体事件与理由，并耐心引导规劝，以协助双方针对异议更好地进行交流沟通，最终达成共识。当协调完毕之后，双方已经和解，这时候就需要起草一份详细的调解协议书以确保双方达成共识。双方当事人在签署或盖章调解协议书后，由调解员亲笔签名并盖上调解组织的印章，该协议书对双方当事人具有约束力，当事人有责任履行。

当劳动争议调解组织收到调解申请之后，如果在十五天之内没有完成调解协议，那么当事人可以依照法律申请仲裁。

当调整协议达成之后，针对赔偿金、经济补偿、劳动报酬、工商医疗费等，如果用人单位拒不履行，那么劳动者就可以依照法律向人民法院申请支付令，要求其强制支付。

（2）劳动争议仲裁委员会。与企业劳动争议调解委员会的管理区域不同，它主要管辖的是辖区内发生的劳动争议，它由企业方面、工会方面以及劳动行政部门方面三方的人员组合而成，其主要任务是受理劳动争议事件，并负责对劳动争议进行调查研究，依法调解或裁决劳动关系双方当事人之间的纠纷。劳动争议仲裁委员会内部的组成人员数量应当是单数，劳动争议仲裁委员会的日常事务由其下属的办事机构负责处理。

根据法律规定，劳动争议仲裁委员会应当履行以下职责：受理有关劳动争议的相关案件；对专职或兼职仲裁员进行聘任或解聘；确保对仲裁活动实施监管；就劳动争议案件而言，深入探讨研究那些具有重大意义或比较有疑难性的劳动争议案件。

通常情况下，劳动争议主要由两方进行管辖，一个是用人单位所在地的劳动争议仲裁委员会，一个是劳动合同履行地的劳动争议仲裁委员会。如果双方当事人分别向这二者提交了仲裁申请，那么应当是由劳动合同履行地的劳动争议仲裁委员负责处理相关事宜。

当劳动争议仲裁完成之后，裁决书应当详细陈述其争议事实、仲裁请求、裁决理由、结果以及日期等重要信息，同时还要由仲裁员签名，加盖公章。

（3）人民法院。在劳动纠纷中，双方当事人都有权就劳动争议问题和处理结果发表意见或提出建议。作为国家的司法机关，人民法院肩负着解决劳动争议的重要使命。调解书和裁决书一旦产生法律效力，当事人就必须在规定的期限内履行。在一方当事人未能及时履行的情况下，另一方当事人有权根据《中华人民共和国民事诉讼法》的相关规定，向人民法院提出执行申请。在受理申请的过程中，人民法院应当以法律为准绳，切实履行执行职责。

参 考 文 献

[1] 高阳，金欣，郑朝文．大学生职业生涯规划与就业指导 [M]．成都：电子科技大学出版社，2020．

[2] 冉启兰，陈星，胡雷，等．大学生职业生涯规划与发展 [M]．重庆：重庆大学出版社，2019．

[3] 王佳，张健．大学生职业生涯规划与就业指导 [M]．北京：国家行政学院出版社，2017．

[4] 李金亮，杨芳，周欣．大学生职业生涯规划 [M]．长沙：湖南教育出版社，2019．

[5] 张晓蕊，马晓娣，岳志春．大学生职业生涯规划 [M]．北京：北京理工大学出版社，2019．

[6] 赵雪政，余少军，余金保．大学生职业生涯规划与管理 [M]．上海：上海交通大学出版社，2022．

[7] 刘玉升．大学生职业生涯规划：打通就业“最后一公里”[M]．苏州：苏州大学出版社，2021．

[8] 李可依，毛可斌．大学生职业生涯规划与发展 [M]．北京：北京工业大学出版社，2022．

[9] 石洪发．大学生职业生涯规划 [M]．北京：北京理工大学出版社，2020．

[10] 杨珂，王安东，冯广余．大学生的职业素养与就业竞争力 [M]．北京：光明日报出版社，2021．

[11] 陆炳林．大学生“缓就业”现象分析与纾解对策 [J]．四川劳动保障，2023(5)：37−38．

[12] 熊月佳．工匠精神语境下“佛系”大学生职业生涯规划教育困境及优化策略 [J]．山西青年，2023（10）：35−38．

[13] 魏敏．大学生就业状况影响因素及策略探析——以甘肃省音乐类大学生为例 [J]．陇东学院学报，2023，34（3）：141−144．

[14] 姜波．职业生涯规划在大学生就业指导工作中的应用探析 [J]．就业与保障，

2023（4）：106-108.
[15] 任焦阳，李明玉. 大学生基层就业问题与对策研究 [J]. 就业与保障，2023(4)：109-111.
[16] 周茹. 大学生职业生涯规划教育存在的问题及对策研究 [J]. 就业与保障，2023（4）：64-66.
[17] 柳伟. 大学生职业生涯规划教育与校企协同就业育人作用研究 [J]. 理论界，2023（04）：77-81.
[18] 卢岚岚，赵泽龙，王静. 职业生涯规划视角下大学生就业对策研究 [J]. 淮南职业技术学院学报，2023，23（2）：61-63.
[19] 郗文静. 大学生创新创业教育对职业生涯规划的作用思考 [J]. 人生与伴侣，2023（7）：19-21.
[20] 江芹. 大学生职业生涯规划现状调查研究 [J]. 公关世界，2023（1）：122-124.
[21] 张华元. 大学生职业生涯规划与学业成绩的交叉滞后研究——专业承诺与学业自我效能感的链式中介作用 [D]. 聊城：聊城大学，2022.
[22] 谭如兰. 大学生职业生涯规划意识提升的小组工作介入研究——以 X 大学大一新生为例 [D]. 成都：西华大学，2021.
[23] 何家庆. 师范院校综合化趋势下大学生职业生涯规划的问题与对策研究——以 H 示范大学为例 [D]. 武汉：华中师范大学，2021.
[24] 高英姿. 不同生源地大学生职业生涯规划的比较研究——以北京市八所双一流建设高校为例 [D]. 北京：中央民族大学，2021.
[25] 王晶. 新时代大学生职业生涯规划教育研究 [D]. 西安：西安科技大学，2020.
[26] 王兴. 大学生职业价值观、职业生涯规划对就业质量影响分析——以大学生实习经历为调节变量 [D]. 太原：山西财经大学，2019.
[27] 王琪琪. 基于职业生涯规划理念的大学生就业力提升研究 [D]. 武汉：武汉理工大学，2019.
[28] 吴昊. 大学生职业生涯规划中的思想政治教育研究 [D]. 长春：吉林农业大学，2017.
[29] 余真仪. 大学生职业生涯规划统计调查与研究 [D]. 重庆：重庆大学，2017.
[30] 申丽丽. 大学生职业生涯规划存在的问题及策略研究 [D]. 长春：吉林农业大学，2015.